Christiane Freuck · Von Timmerjahn, Hollerblüh und Bettstroh

Christiane Freuck

Von Timmerjahn, Hollerblüh und Bettstroh

Kräuterfrauen, Gärten und Pflanzenbräuche
in Mecklenburg-Vorpommern

KLATSCHMOHN •

Christiane Freuck · Von Timmerjahn, Hollerblüh und Bettstroh
Kräuterfrauen, Gärten und Pflanzenbräuche in Mecklenburg-Vorpommern
© 2008 KLATSCHMOHN Verlag Bentwisch/Rostock
Herstellung: KLATSCHMOHN Verlag, Druck + Werbung GmbH & Co. KG
Fotoredaktion: Christiane Freuck
Cover-Foto: (oben) Jürgen Reich, (unten) Torsten Linke, Heimatmuseum Warnemünde
Umschlag-Fotos (Rückseite): (1) Kornhaus Bad Doberan, (2) Christiane Freuck,
(3) Dieter Hundt, (4) Sabrina Wittkopf-Schade
ISBN 978-3-941064-01-0
2. Auflage 2009
Printed in Germany

Gärten –
Orte der Kultur und des Denkens

»Der respektvolle Umgang mit den Pflanzen an sich
hat schon eine Heilwirkung –
die Erkenntnis, dass alles Leben miteinander verbunden
und voneinander abhängig ist, hilft
sich selbst als Mensch im Universum wiederzufinden,
hilft das Leben, woher es auch kommen mag,
mit einem Sinn zu belegen – nämlich der Gegenseitigkeit.«
Christian Rätsch

Altes Kräuterwissen erwacht auf vielfältigen Wegen allmählich wieder zu neuem Leben. Kräuterwanderungen, »Wilde Kost«-Kurse, Kräuterführungen in öffentlichen Gärten erfreuen sich wachsender Beliebtheit. Die Sehnsucht der Menschen nach einem ganzheitlichen, natürlichen Leben spüren die Kräuterkundigen am wachsenden Interesse. Sie leisten eine große und wertvolle Arbeit im Stillen. Mühevoll und aufwendig, und doch dem Menschen gemäß, ein Leben im Einklang mit den Jahreszeiten. Sie stehen in der Tradition der weisen Frauen, die noch im unscheinbarsten Pflänzchen den Kosmos des Lebens fanden. Mit viel Idealismus und äußerst bescheidenen finanziellen Mitteln bewahren sie altes Kulturgut vor dem Vergessen. Sie alle geben ihr Wissen gerne weiter.

Einige der Kräuterfrauen von heute sowie Museums-, Schloss- und Klostergärten in Mecklenburg-Vorpommern stellen wir Ihnen vor. Der Besuch bei ihnen ist mehr als ein Ausflug. Er führt zu Oasen der Meditation, zu Orten des Innehaltens. Zugleich ist er eine Sinnesreise durch die Menschheitsgeschichte. Lässt man sich auf einer Bank im sommerlichen Klostergarten nieder, umgeben von erhabenen alten Mauern, Blüten, Düften, Farben und tanzenden Schmetterlingen, dann spürt man einen tiefen Frieden. Die Pflanzen und ihre Geschichten erzählen uns von Zeiten, als der Mensch die Natur noch als beseelt empfand, bevor er sich anschickte, sie beherrschen zu wollen.

Jedem der Garten- und Frauenportraits sind eine Pflanze und ein Rezept zugeordnet. Schwerpunkte bei den Pflanzenbeschreibungen, zu denen vor allem Heil- und Küchenkräuter zählen, aber auch einige Bäume und Sträucher, sind kulturgeschichtliche Aspekte.

Wie viel Aufklärungsarbeit noch zu leisten ist, um das Wissen von der nährenden, heilenden und meditativen Kraft der Kräuter vor unserer Haustür im Alltagsbewusstsein zu neuem Leben zu erwecken, zeigen Gedanken von Kräuterfrauen: »Volksmedizin, die wir täglich mit Füßen treten« – so benannte eine von ihnen ihr Empfinden über den heutigen Umgang mit Heil- und Küchenkräutern. Eine andere sprach von Unkenntnis und übertriebenem Ordnungssinn. So sind einst hoch geschätzte, natürlich vorkommende Pflanzen wie der Engelwurz heute regional vom Aussterben bedroht. Sie werden achtlos an Weg- und Bachrändern abgemäht. Wir wollen »kultivierte« Natur. Vorstellungen von Ordnung, die dem heutigen naturnahen Garten nicht anstehen. Denn selbst die ungeliebte unscheinbare Quecke hat Heilkräfte. Lernen wir wieder, uns an den ersten zarten Kindern des Frühlings wie der goldgelb leuchtenden Löwenzahnwiese im Garten einfach zu erfreuen! Streichen wir das Wort »Unkraut« aus unserem Sprachschatz!

———◆———

Der zweite Teil widmet sich historischen Pflanzenbräuchen im Jahres- und Lebenslauf. Auch wegen des Löwenzahns mit seinen vielen guten Gaben für uns, dem die gebührende Achtung versagt wird. Einst begrüßten die Menschen sein erstes zartes Grün wie auch das Veilchen als Zeichen des lang ersehnten Frühlings.

Was haben die alten Bräuche uns heute zu sagen? Sie gehören zu unserer Kulturgeschichte, sind wir doch verwurzelt in einer langen Lebenskette. Und sie zeigen eine tiefe Verbindung der Menschen vergangener Zeiten zur Natur, die uns berührt. Das intuitive Wissen um die universelle Kraft der Pflanzen ist uralt. Eine ganzheitliche Betrachtungsweise des Lebens bedeutet mehr als rationales Denken.

Die alten Naturreligionen, die Schamanen und die weisen Frauen hatten jene Spiritualität – eine innere Verbindung zur Natur. Ihr Wissen ging zu großen Teilen verloren im Feuer der Inquisition. Der Höhepunkt des Hexenwahns im 16. Jahrhundert war zugleich der Beginn der analytischen Sicht auf die Welt. Heute versuchen wir mühsam wieder zu einem ganzheitlichen Leben zurückzufinden.

Die historisch gewachsenen Bräuche mit ihrer starken Bindekraft können uns dabei helfen. Bräuche stillen die Sehnsucht nach Verankerung und Orientierung. Viele verschwanden mit der Industrialisierung gegen Ende des 19. Jahrhunderts. Viele sind vergessen oder sinnentleert. Und doch berühren sie uns heute noch. Sie geben dem Lauf der Zeit eine andere Gewichtung. Sie lassen uns nach dem Sinn des Lebens fragen, danach, was den Menschen ausmacht. Natürlichkeit kennzeichnete einst den Lebenskreis von der Wiege bis zur Bahre. Unsere heutigen Verdrängungsmechanismen, vor allem im Umgang mit Krankheit, Altern und Sterben zeigen, wie weit wir uns schon verirrt haben.

Feste im Jahreslauf haben trotz Kommerzialisierung eine starke Anziehungskraft behalten. Der festliche Weihnachtsbaum, das zarte Birkengrün zu Ostern oder das herbstliche Erntedankritual sind vielen auch heute ein Bedürfnis. In unserem Unterbewusstsein ist die Erinnerung an das Einssein mit der Natur immer noch vorhanden.

Suchen wir nicht rastlos nach Zufriedenheit? Vielleicht, weil wir sie in der Erfüllung von immer maßloser werdenden Wünschen unserer Gegenwart nicht finden.

Sich in die universelle Welt der Kräuter zu begeben, kann eine Sinngebung sein und zugleich einer der Wege, zur Seele der Natur zurückzufinden. Hildegard von Bingen sprach von Demut, die wieder zu lernen wäre. Demut als Achtung vor den Schöpfungen der Natur. Und aus Verantwortung für die Zukunft unserer Kinder.

Christiane Freuck

Hinweis der Autorin und des Verlages:
Heilempfehlungen sind nicht als Anleitung zur Selbstmedikation zu verstehen. Denn Pflanzendrogen sind keineswegs harmlos. Sie wirken sehr individuell und bedürfen der Geduld. Vorbeugen durch den sinnlichen Genuss von Kräutern ist die beste Medizin. Im Zweifelsfall ziehen Sie immer Fachkundige zu Rate. Ohnehin sollte man in Küche und Hausapotheke nur die Pflanzen verwenden, die man sicher kennt. Lassen Sie sich nicht von der kosmischen Vielfalt der Pflanzenwelt verwirren. Lernen Sie nach und nach die Pflanzen kennen, die Sie mögen.

Inhaltsverzeichnis

Kräutergärten in Mecklenburg-Vorpommern

OSTSEE

Freilichtmuseum
Klockenhagen

Museumsgarten
Warnemünde

Angelika Reich
Bartenshagen

Klostergarten
Bad Doberan

Rostock

Frieda Schulz
Gelbensande

Wildkräuterhot
Ehmkendo

105

A20   105   Wismar

Grevesmühlen

A19

Güstrow

106

Klostergarten
Rehna

208

104

Schlossgärtnerei
Wiligrad

Freilichtmuseumsgarten
Groß Raden

103

Dorfschullehrergarten
Schwerin-Mueß

Rothener Hof

A24

321

Parchim

Wangeliner
Garten

5

Ludwigslust

A19

A24

nd/Darß/Zingst

Bergen

Rügen

Barther
Bibelgarten

105

Stralsund

194

96

Grimmen

Greifswald

Gutshofanlage
Ludwigsburg

Pommersches
Landesmuseum
Greifswald

A20

Kräuterhof
Carlsthal

Pulow
Lassan

Usedom

110

Demmin

110

Anklam

Ueckermünde

104

96

197

109

194

Neubrandenburg

Waren/Müritz

Pasewalk

Neustrelitz

A11

A20

Kräutergärten

Von Warnowern, Waid und Wau
Der Altslawische Tempelort Groß Raden

*Beim mittelalterlichen Ostermarkt, zu dem auch Kräuterfrauen anreisen, werden
Eier mit Sauerampfer und anderen Pflanzen aus dem Museumsgarten gefärbt.
Alljährlich im Juli lädt Groß Raden zu einem Kräutertag ein.
Dann wird Fleisch in wilden Meerrettich gewickelt und auf heißen Steinen
in Lehm gebacken, Wolle wird mit Krapp oder Rainfarn gefärbt.
Dann gibt es gedünsteten Kohl mit Salbei aus der Museumsküche.*

Der kleine Garten in Groß Raden lässt uns in uralte Zeiten tauchen, als diese Gegend slawisch besiedelt war. Nahe dem historisch bedeutsamen Ackerbürgerstädtchen Sternberg befand sich, idyllisch gelegen am Groß Radener Binnensee, das religiöse Zentrum der Warnower vom Stamm der Obotriten. Bei archäologischen Grabungen 1973 - 80 wurden in Groß Raden Reste einer Siedlung und eines mächtigen Burgwalls aus dem 9. und 10. Jahrhundert entdeckt. Die Siedlung mit Flechtwandhäusern, Blockhäusern, Befestigungsanlagen und dem hölzernen Tempel konnte nach gut erhaltenen Funden unter einer konservierenden Torfschicht rekonstruiert werden. Das Freilichtmuseum gilt heute als anschauliches Zeugnis der slawischen Besiedlungsperiode im Nordosten Deutschlands im 7. bis 12. Jahrhundert.

Unser heutiges Wissen über den Anbau und die Verwen-

Slawenfest im Freilichtmuseum

dung von Pflanzen in der Slawenzeit ist spärlich und stützt sich hauptsächlich auf die Berichte von Reisenden wie dem afrikanischen Kaufmann Ibrahim ibn Jacub, der um 965 auch westslawische Länder bereiste. Der dänische Geschichtsschreiber Saxo Grammaticus (etwa 1150 bis Anfang des 13. Jahrhunderts) beschrieb die Eroberung Rügens durch die Dänen und die Christianisierung der slawischen Ranen. Bischof Helmhold von Bosau (1125 - 1170) verfasste eine Chronik der Slawen. Archäologisch nachgewiesen durch Untersuchungen von Pflanzenresten und durch Funde von

Slawischer Tempel in Groß Raden

Ackergerät ist der Anbau von Hirse, Emmer, Dinkel, Einkorn und Roggen neben Hülsenfrüchten wie Erbsen und Bohnen sowie Vorgängern unserer heutigen Obstarten – Birne, Kirsche, Pflaume. Bekannt ist auch die Nutzung von Färbepflanzen, Gewürz- und Arzneipflanzen. Zu den Funden in Groß Raden gehören Reste von großen Tongefäßen für die Lagerung von Körnern, Hirsestampfern und Ölpressen. Möglicherweise gab es in der Nähe der Siedlungen kleine Gärten, in denen Wildpflanzen des Waldes durch Zäune oder Hecken vor den Tieren geschützt wurden. Das slawische Wort »gorod« (Stadt) – als geschützter und getrennter Bereich – wurde auch für »Garten« verwandt.

Angebaut wurden in der frühmittelalterlichen slawischen Zeit ebenso Lein und Hanf als Öl- und Faserpflanzen. Die Slawen verarbeiteten Hanf, der auch schon bei den Kelten bekannt war, als Fasern für Takelagen, Segel und Schiffstaue. Sie betrieben weitreichenden Seehandel. Das zeigen Funde arabischer Münzen aus dem 9. Jahrhundert in slawischen Siedlungsstätten. Buchweizen, verwandt dem Knöterich und Sauerampfer, kam durch sie nach Westeuropa. Ebenso waren Meerrettich (Kren), Birkenrinde (Bolgar) und Haselnüsse für den Ostseehandel bedeutsam. Eiche, Holunder und Walnussbaum hielten die Slawen für heilig. Ob die Heilkraft der Nüsse bekannt war, ist nicht gewiss.

Die Verwendung von Färberginster, Färberkamille oder Labkraut, dessen Wurzeln rot färben, zum Färben von Wolle und Leinen, zum Schminken und Bemalen des Körpers lässt sich bis in alte Zeiten zurückverfolgen. Im Museum wird der Färberwaid mit dem blauen Farbstoff Indigo angebaut. Zum Färben wurden die Blätter mit Urin vergoren. Ebenfalls ein sehr altes Färbemittel ist Wau oder Gilbkraut, das zugleich schweißtreibend wirkt. Die Färberdistel oder Saflor lieferte neben rotem und gelbem Farbstoff zugleich Öl. Belegt für Groß Raden ist bisher nur der Waid. Aus polnischen Stadtsiedlungsfunden stammen Reste von bestickten Schuhen, an denen farbige Fäden nachgewiesen werden konnten. Funde von mehrfarbigen handgewebten Stoffteilen und gefärbter Wolle gibt es erst seit Mitte des 11. Jahrhunderts mit dem Übergang von der Brandbestattung zur Körperbestattung.

Neben den Färbepflanzen wachsen heute im kleinen Museumsgarten auch andere archäologisch nachgewiesene Nutzpflanzen wie Ackersenf, der lange als Wildpflanze gesammelt wurde, Sauerampfer und Schnittsellerie, Pastinake und Möhre als Wildgemüse, Koriander und Dill als Würz- und Heilpflanzen bei Magenerkrankungen und gegen Geschwüre. Scharfe Würzkräuter hatten auch die Aufgabe, den Geschmack der einfachen, leicht verderblichen Nahrung zu überdecken.

Dass unsere Vorfahren vielfältige Kenntnisse hatten, zeigen botanische Untersuchungen in der Nähe der slawischen Siedlungen. So gilt die Nutzung von Wildpflanzen wie Schlehe, Holunder, Haselnuss, Himbeere, wildem Hopfen als relativ gesichert. Bekannt waren auch wilder Dost, Rosenmalve, kleine Wiesenraute, Laucharten, Echtes Johanniskraut, Großes Schöllkraut, Engelwurz oder die Schwarze Königskerze. Vieles bleibt im Dunkeln der Geschichte, aber es wächst unsere Hochachtung vor dem uralten Erfahrungswissen der Menschen.

$\mathcal{L}$ein *(Linum usitatissimum)*

Lein mit seinen zarten himmelblauen Blüten ist eine Zierde des kleinen Museumsgärtleins von Groß Raden. Er erzählt von slawischer Kulturgeschichte. Echter Lein oder Flachs ist eine der ältesten Kulturpflanzen, bekannt seit der Steinzeit. Im alten Ägypten diente er als Nahrungsmittel, die Leinweberei aus den Fasern gibt es schon seit Jahrtausenden.

In unseren Breiten wurde die Pflanze mit dem Beginn der Feldkultur angebaut. Den Samen kam als Nahrungsmittel eine besondere Bedeutung zu – Lein und Leindotter lieferten Öl. In Groß Raden befindet sich der Nachbau einer Ölpresse. Daneben diente Lein den Slawen zur Herstellung von Stoffen. Die Leinwandweberei mit dem Horizontalwebstuhl, der aus dem arabischen Osten kam, entwickelte sich etwa seit dem 10. Jahrhundert als Handwerk. Das Spinnen von Flachs gehörte noch im 19. Jahrhundert zu den wichtigsten Winterarbeiten der Frauen. Nach dem Dreschen und Trocknen erfolgte beim anschließenden Flachsbrechen das Abklopfen der Spelzen und das Hecheln. So erhielt man unterschiedliche Fäden für feine und grobe Ware. Die gehechelten Flachsbündel wurden zu Spinnrocken zusammengelegt.

Die Frucht der Leinpflanze ist eine Kapsel mit braunem Samen, reich an Leinöl und Linolsäuren. Die Samen werden im August bis September geerntet. Ärzte der Antike heilten mit ihnen Geschwüre. Hildegard von Bingen empfahl sie zur äußerlichen Anwendung bei Verbrennungen und Lungenbeschwerden. In der Volksheilkunde wurde der Schleim bei Magengeschwüren angewandt, als Leinsamentee mit Honig und Fenchel sollte die Pflanze hilfreich bei Bronchitis und Blasenkrankheiten sein, äußerlich als heiße Auflage Rheuma und Nierenbeschwerden lindern.

Leinsamen binden Wasser und sind durch diese Eigenschaft hilfreich sowohl bei Durchfall als auch bei Verstopfungen. Die Schleimschichten quellen nach dem Einnehmen auf und führen eine schnelle Darmentleerung herbei. Der reife Samen enthält Ballaststoffe und fettes Öl.

Brennnesselsuppe nach slawischer Art

Zutaten:

150 g junge Brennnesseln · 50 g Sauerampfer · 2 kleine Möhren · 1 große Zwiebel · 1 Knoblauchzehe (oder frischer Bärlauch) · Suppenknochen · Butter · Mehl · 15 g saure Sahne · Salz · Pfeffer

Zubereitung:

Säubern und kochen Sie die Brennnesseln und den Sauerampfer. Dann fein hacken oder durch den Fleischwolf drehen. Braten Sie die kleingeschnittene Zwiebeln und die Möhren in der Butter an. Brennnesseln hinzufügen, mit Fleischbrühe auffüllen, etwa 20 Minuten sanft köcheln lassen, nach 10 Minuten Sauerampfer hinzufügen. Mit dem Mehl andicken, Knoblauch oder Bärlauch hinzufügen, vom Feuer nehmen und saure Sahne einrühren.

Frühmittelalterliches Kochen bei einem Slawenfest in Groß Raden

    Der teure Pfeffer wurde bei den Slawen sicher nicht verwendet. Auch Salz war sehr kostbar und wurde nur sparsam hinzugefügt. Ob Knoblauch bekannt war, ist nicht nachweisbar, sicher aber der wilde Bärlauch. Mohrrüben wurden vermutlich bereits angebaut, mit Sicherheit jedoch war die wilde Möhre bekannt. Die Brennnessel wurde als vitaminreiche Kost nach dem langen Winter geschätzt und auch zur Fasergewinnung verwandt.

Zwischen »La marmotte« und Minze
Antje Beyers Kräutergarten im Rothener Hof

*J*unges Leben belebt den Rothener Hof. Kunstschmiedin, Holzgestalter und Kräuterfrau arbeiten im denkmalgeschützten Kuhstall. Vom Kräutergarten beim Gutshaus schaut man auf den Rothener See. In der nahe gelegenen Mühle haben sich Korbmacher und Textilgestalterin angesiedelt. Ein Netzwerk von kreativen Köpfen prägt die beschaulichen Orte zwischen Sternberger Seenlandschaft und malerischem Mildenitztal. Zu denen, die dem stillen Dorf Rothen eine ganz eigene Note geben, gehört Antje Beyer. Sie pflegt den Kräutergarten und verarbeitet die Schätze der Natur zu Johannisbeerschnaps, Holunderblüten-

Die Blüten des Schwarzen Holunders verarbeitet Antje Beyer zu Sirup

sirup, Basilikum-Knoblauch-Öl, Johannisbeer-Agastache-Marmelade, griechischem Bergtee oder Erdbeerminze-Sahne-Tee. Im Hofladen nahe dem Kräutergarten bietet sie neben ihren eigenen Kräuter-Kreationen auch Gemüse aus eigenem Garten und Schafswurst sowie regionale und Bioprodukte an. Die Bauingenieurin kam 1992 von Potsdam nach Mecklenburg. Schon als Kind streifte sie durch die Wälder und zeichnete Pflanzen. Vor einiger Zeit machte sie ihre Passion für Kräuter und Garten zum neuen Lebensinhalt. »Alle zehn Jahre sollte man etwas Neues probieren«, ist die Lebensmaxime der vielseitigen jungen Kräuterfrau. In ihrer Küche duftet es nach frisch gebackenem Brot.

Ihre beiden Töchter wachsen mit Schafen und Garten auf. Die Möbel für ihre Wohnung baut sie selbst, auch die Lehmwände hat sie verputzt. Eine andere Leidenschaft ist Musik, sie spielt Flöte und Klarinette. Mit der Gruppe »La marmotte« ist sie mit Jazz, Folk, Chansons und Klassik unterwegs in Cafés, bei Dorffesten. Unterwegs ist sie aber auch mit ihren Kräutern und Gemüsepflanzen auf Märkten wie in Dorf Mecklenburg, dem Rühner Klosterfest oder dem Topf- und Pflanzenmarkt Lenzen. Alljährlich im Oktober gibt es auf dem Rothener Hof ein eigenes Fest mit Musik, offenen Werkstätten und Kräuterallerlei.

Blick in den Kräutergarten in Rothen

Der Kräutergarten in Rothen entstand als Gemeinschaftswerk mehrerer Frauen. Eine Töpferin, Carola Damrow, die heute eine eigene Werkstatt im Nachbardorf hat, legte 1999 im Auftrag eines Vereins den öffentlichen Schaugarten an. In der Form ähnlich einem traditionellen Bauerngarten mit einem Rondell in der Mitte und vier Wegen, von Obstbäumen und Stachelbeersträuchern umrahmt. Mehr als 200 Pflanzenarten wachsen hier auf einer Fläche von etwa 400 Quadratmetern. Auf vier großen Beeten verströmen Tee-, Arznei- und Heilpflanzen, Duft-, Färber- und Gewürzpflanzen ihre Aromen und Farben. Duftgeranien, die Seidenpflanze oder Duftschöterich sind

Ananassalbei – duftend und fruchtig

Labsal nicht nur für die Nase. Mit Färberwaid, Wau, Färberkamille und Wolfstrapp lässt sich Wolle färben. Bei Kreislaufschwäche empfiehlt die Kräuterfrau Arnika, Ringelblume und Nelkenwurz, gegen Krampfadern die Heckenrose, bei Migräne Heilziest, Marienblatt und Mutterkraut. Gegen Zahnschmerzen hilft das blühende Wermutkraut. In der Mitte des schönen Gartens sind kleinere Beete mit vielfältigen Sorten von Basilikum, Minze, Thymian und Salbei, von Arabischer Minze und Ananassalbei über Lemonbasilikum bis zu Zitronenthymian. Im Gewächshaus zieht Antje Beyer auch allerlei Raritäten wie französische, arabische und griechische Gewürzpflanzen zum Verkauf.

Johannisbeer-Agastache-Marmelade, frisches Gartenobst und Kräuter-Baguette-Brot gibt es im Rothener Hofladen.

23

Chinesischer Lauch *(Allium odorum)*

Der großblättrige Schnittknoblauch gehört zur Pflanzenfamilie der Lauchgewächse. Er ist eine sehr alte asiatische Kulturpflanze. Die äußerst winterharte und langlebige Lauchart wird etwa 30 bis 40 cm hoch, ist sehr ergiebig und sät sich gerne selbst aus. Freilandaussaat ist ab April bis in den Spätsommer möglich. Geerntet werden kann vom Frühling bis zum Sommer. Die Blätter können gut für Soßen, Suppen und Pesto verwendet werden. Chinesischer Lauch, der reich an Kalzium und Vitamin A und C ist und entgiftend wirkt, bietet eine sehr kräftige Alternative zu Knoblauch-Schnittlauch (Allium tuberosum). Er zeichnet sich durch seine vergleichsweise großen, breiten Blätter und ein reichhaltiges Aroma aus. Die Blütenstände gelten in China und Japan als Delikatesse. Die dekorativen Blüten schmücken Kräutersträuße, in Japan liebt man sie für Kräuterbutter. Die Asiaten dünsten Blüten und Stängel als Gemüse. Sie geben den Lauch angebraten an Suppen, verwenden ihn für Fleisch- und Fischgerichte und in Füllungen für Teigtaschen. Die Samenkapseln sind ergiebiger und zarter als die Blätter, solange sie noch grün sind. In der traditionellen chinesischen Medizin ist Allium odorum bekannt als »Lauch des langen Lebens« und als ein das Yang emporhebende Kraut. Der Saft des chinesischen Lauches gilt als süß, scharf, warm und befeuchtend und wird in Verbindung mit Birnen- und Ingwersaft bei Übelkeit und Erbrechen und bei chronischer Gastritis angewandt.

Rothener Lauch–Baguettebrot mit Lemonbasilikum–Butter

Zutaten:

1 kg Weizenvollkornmehl · 3 Teelöffel Salz · ca. 300 ml Wasser · 1 Tasse gehackter chinesischer Lauch · 1 Würfel Hefe · 1 Prise Zucker

Zubereitung:

Streuen Sie den Zucker über die Hefe. Sie muss dabei weich werden. Dann verkneten Sie alles mit lauwarmem Wasser, Mehl und Lauch. Der Teig muss klebrig sein. Den Teig über Nacht bei Kühlschranktemperatur ruhen lassen. Am nächsten Morgen, ohne nochmals zu kneten, den Teig in sechs Portionen teilen, in Mehl lang ziehen und drehen, damit er aufreißt. Den Backofen vorheizen und bei etwa 200 Grad Celsius etwa 25 Minuten backen. Dazu Kräuterbutter mit Lemonbasilikum und frischem Knoblauch aus der Presse reichen. Als Variante kann auch etwas Tomatenmark mit unter püriert werden.

Auch selbstgebackenes Vollkornbrot gehört zu den Spezialitäten des Rothener Hofladens

Hortulus Doberanensis

Der Klostergarten Bad Doberan

»Du, der du in diesen Ort eintrittst,
denke daran, dass er jahrhundertelang
eine Erde des Schweigens war,
wo der Mensch Wort hält.«
F. Olivier Quenadel, Abt von Citeaux

Betritt man den kleinen Kräutergarten am alten Kornhaus durch das von Hopfen umrankte Weidenportal, stellt sich eine seltsame, entrückte Stimmung ein. Die schlichten, historischen Quellen nachempfundenen Holzkastenbeete mit ihren Blüten und Düften, die aus Weiden geflochtene Rasenbank, Bienen, Schmetterlinge und Rosenkäfer, rings herum mittelalterliche Baurelikte und weithin sichtbar das zum Himmel strebende, erhabene Münster, all das verströmt andachtsvolle Stille. »Herbularius« nannten die Mönche den Arzneipflanzengarten einst. Ein Ort der Meditation und der heilenden und würzenden Pflanzen zugleich.

Die hochgotische Kirche des Klosters Doberan wurde 1368 geweiht. Das Doberaner Münster gilt wegen seiner Einheit von Architektur und originaler Ausstat-

Der Garten als Oase der Ruhe

tung als einzigartiges mittelalterliches Bauwerk. Doberan ist ein Tochterkloster (Filia) von Amelungsborn. Seine Filiationslinie beginnt im französischen Citeaux mit Bernhard von Clairvaux (1090 - 1150). Der Abt, der für ein Leben in Askese und Armut stand, gründete dort das Mutterkloster des Zisterzienserordens. Von Citeaux gingen mehr als 70 Direktgründungen von Klöstern in ganz Europa aus. Die

Klöster mit ihrem Grundbesitz und ihrem Anspruch der Autarkie spielten im Mittelalter eine bedeutende Rolle als Zentren von Gebet, Glauben, aber auch von Wirtschaft, Bildung und Wissenschaft. »Ora et labora – Bete und arbeite«, die »Regula Benedicti« des italienischen Urvaters der Klöster, Benedict von Nursia (480 - 547) wurde zu ihrem Leitbild.

Die Klosterheilkunde zwischen dem 10. und dem 13. Jahrhundert sah die Sorge für Kranke und Schwache als ihre wichtigste Pflicht und als Dienst für Christus selbst. Die medizinischen Künste der Mönche stützten sich nahezu ausschließlich auf die Kräuterkunde. Krankheit galt als Gottes Wille, sollte aber mit Gebet, guter Pflege und Heilpflanzen gelindert werden.

Der Klosterplan von Sankt Gallen (um 820) ist das Ideal einer Zisterzienser-Klosteranlage. Er ist neben dem botanischen Lehrgedicht »Hortulus« des Abtes Walahfrid Strabo (808 - 848) die anschaulichste Quelle zur Anlage mittelalterlicher Klostergärten. Der Garten wurde streng getrennt in Gemüsegarten (hortus) und Kräutergarten (herbularius). Der Obstbaumgarten diente in der Regel als letzte Ruhestätte der Mönche, der Kräutergarten sollte direkt hinter dem Siechenhaus angelegt werden. Erwähnt ist auch ein Lagerhaus für getrocknete Pflanzen. Selbst die anzubauenden Heilpflanzen in rechteckigen Beeten wurden im Sankt Gallener Plan genau vorgegeben, darunter Salbei, Raute, Schwertlilie, Krauseminze, Kreuzkümmel, Rosmarin, Lilie, Rose und Fenchel.

Den erstaunlichen Kenntnisstand der Klosterheilkundigen zeigen die reichhaltigen mittelalterlichen Pflanzendarstellungen im Doberaner Münster. Zum einen als bauplastischer Schmuck an Kapitellen und Dienstkonsolen, zum anderen als Schnitzwerk und als Malereien. Die äußerst naturgetreue Darstellung erlaubt teilweise botanische Bestimmungen. Erkennbar

Liliengestühlswange im Doberaner Münster

Blick in den Doberaner Klostergarten

sind unter anderem Beifuß, Osterluzei, Bärenklau, weiße Lilie, Wermut, Stechpalme, Lorbeer, Efeu, Hopfen, Weinrebe, Distel, Stileiche und Rose.

Im Frühling 2002 begann die behutsame Neuanlage des klösterlichen Pflanzgartens in Bad Doberan mit etwa 100 Pflanzen – Würzkräutern, Heil- und Marienpflanzen – als grünes Museum. Zu der vielfältigen Pflanzenpracht gehören Salomonssiegel, Herzgespann, Mädesüß, Diptam, Koriander und Gemswurz. Teure Import-Gewürze wie Safran aus dem Orient waren den Zisterziensern untersagt, daher musste man einheimische Würzpflanzen anbauen oder fremde, die hier kultivierbar waren wie der römische Kümmel, ein Gewürz des Adels. Diptam mit seinen ätherischen Ölen ist eine alte Heilpflanze, die Hildegard von Bingen gegen Steinleiden empfahl.

Gewählt wurde für die Anlage des Doberaner Klosterheilgartens ein geschützter Bereich südlich des Hausmeisterhauses. Seine ursprüngliche Lage ist nicht bekannt. Die Stadt, der Verein »Perspektive«, der Kloster- und Kornhausverein, Biologen und interessierte Bürger entwickelten den Garten gemeinsam. Wundersame Wege gingen manche Kräuter, bis sie in Doberan ihren Ehrenplatz bekamen. Manche brachten die Kräuterfreunde von Exkursionen mit. Die Samen der Mariendistel stammen vom Kloster Michaelstein aus dem Harz. Pflanzentausch unter Klöstern war auch im Mittelalter üblich. Ein Bürger, der alte, vom Aussterben bedrohte Rosen retten wollte, stiftete die Rosa gallica.

Und alles bleibt im Wandel. So kreuzte sich die Schwarze Königskerze mit der Großblumigen und der Windblumen-Königskerze. Und die Wühlmäuse lieben die süßen Aniswurzeln. Hinter dem Rondell am Klostergarten wächst ein Apfelbaum – die Doberaner Reinette – deren Stammform, die graue Reinette, aus Frankreich auf dem Weg der Filiation mit den Mönchen vor 700 Jahren nach Mecklenburg wanderte.

*S*albei *(Salvia officinalis)*

»Warum soll ein Mensch sterben,
in dessen Garten Salbei wächst?«
nach Hildegard von Bingen

Salbei, eine alte Heil- und Würzpflanze aus der Familie der Lippenblütler, war bereits in der Antike als Sinnbild für ein langes Leben bekannt. Dioskurides lobte die blutstillende und wundheilende Kraft der Pflanze. »Salvare« (lat.) bedeutet heilen, gesund werden.

Der würzige Strauch aus dem Mittelmeerraum mit den zartlila Blüten wuchs auch in den Klostergärten. Er gehört zu den Pflanzen des St. Gallener Klosterplanes. Der Mönch Walahfrid besang ihn in seinem »Hortulus« als heilsam bei Magenschmerzen, Husten und schlecht heilenden Geschwüren. In den Klöstern gab es für Kranke und Gäste Fleischgerichte, die man mit dem verdauungsfördernden und nervenstärkenden Salbei würzte.

Hildegard von Bingen beschreibt ihn in ihrer »Physica« als nützlich gegen schädliche Säfte. Für sie war Salbei eine der wichtigsten Pflanzen zur Wiederherstellung der inneren Ausgeglichenheit des Menschen. Sie setzte den Tee gegen Gicht ein und empfahl bei Jähzorn Rose und Salbei als Pulver zum Erfreuen und zum Trost.

Salbei wurde im Mittelalter frisch oder getrocknet zum Würzen von Fisch, Fleisch und Wein genutzt, als desinfizierend dem Händewaschwasser zugefügt und galt als Universalheilmittel.

Die Volksmedizin nutzte Salbei bei unerfülltem Kinderwunsch und zum Abstillen, er hemmt die Sekretion der Milchdrüsen. Zerriebene Salbeiblätter sollten Insektenstiche lindern. Gegen Heiserkeit empfehlen alte Kräuterbücher Salbei mit warmer Milch und Honig, bei Hals- oder Zahnschmerzen Gurgeln mit Salbeitee. Es hieß gar, wer einen üppigen Salbeibusch im Garten habe, dem ginge nie das Geld aus. Salbeijauche im Garten vertreibt Schnecken und Kohlweißlinge.

Die Blätter enthalten ätherisches Öl, Gerb- und Bitterstoffe und Flavonoide. Schwangere Frauen sollten allerdings auf Salbei verzichten, überhaupt sollte man das heilende Kraut nicht in Übermaßen zu sich nehmen, da es das toxisch wirkende Thujon enthält.

rauenmantel-Tee

Hildegard von Bingen empfahl Frauenmantel-Tee gegen Kehlgeschwüre. Die Klosterheil-kundigen beschrieben die Pflanze als stark wärmend und trocknend.

Der Tee mit seinen Gerb- und Bitterstoffen, ätherischen Ölen und Saponinen sollte be-ruhigend, blutbildend, zusammenziehend und krampflösend wirken, vor allem bei Regel-schmerzen, zusammen mit Schafgarbe bei unregelmäßiger Menstruation in der Pubertät ebenso wie bei Beschwerden in den Wechseljahren.

Äußerlich wurde er gegen Wunden und Ekzeme verwandt. Gemischt mit Schlüsselblu-men galt er hilfreich bei Spannungskopfschmerz.

Eine Kur mit Frauenmanteltee sollte die Wahrscheinlichkeit einer Schwangerschaft er-höhen. Im mittelalterlichen Volksglauben galt eine Teemischung aus Frauenmantelblättern, Melisse, Himbeerblättern, Dill- und Fenchelsamen als kräftigend für die Gebärmutter und beruhigend kurz vor der Geburt. Nach der Geburt sollte der Tee milchbildend wirken.

Zubereitung:
Für Tee werden getrocknete oder frische Blätter und Blütenstände verwendet (Mai – Juni sammeln). Vier Teelöffel Kraut je Tasse mit heißem Wasser überbrühen, zehn Minuten zie-hen lassen, dann abgießen. Täglich bis zu drei Tassen ungesüßt trinken.

Frauenmantel – Alchemilla, eine Zierde des Kräutergartens

Zwischen Katen, Kräutern und Keramik

Angelika Reich

*S*elbst im trüben Januar strahlt der stille buchsbaumgefasste Bauerngarten hinter dem imposanten Altenteilerkaten mit dem mächtigen Rohrdach eine wundersame Stimmung aus. Eine kleine bunte Feder belebt das winterlich graue Geäst. »Ein Geschenk der Kohlmeise«, sagt Angelika Reich. Dann zeigt sie auf ein paar unscheinbare braune Pflanzenreste neben einem Keramikschild. »Das ist Staudenfenchel. Er schläft jetzt«, erklärt sie. Ein paar Schritte weiter das zarte Grün und Weiß der mystisch schönen Christrose, auch Schwarzer Nieswurz genannt. Sie blüht mitten im Winter und ist eine alte Heilpflanze. Die Mariendistel auf dem Nachbarbeet hat sich gut vermehrt, einige Pflanzen wird Angelika Reich im Frühling verschenken oder tauschen. Mehr als 40 Küchen- und Heilkräuter sind in ihrem historischen Bauerngarten in Bartenshagen bei Bad Doberan versammelt, von Echtem Alant über Frauenmantel bis zur Süßdolde, von Wermut über Estragon bis zur Eberraute. Wilde Pflanzen haben sich allein dazugesellt wie Beifuß, Wegwarte, Gundelrebe. Von jeder Pflanze kennt die gelernte Zootierpflegerin Geschichten und Verwendungsmöglichkeiten.

Ringelblumen – kleine Sonnen im Garten

So hilft Kultursauerampfer bei Darmproblemen. Milde Kräuter wie Zitronenmelisse, Pfefferminze und Brennnessel eignen sich gut als Alltagstee. Huflattichblüten, die zu den ersten blühenden Kräutern im Frühling gehören, sind leider oft stark belastet mit Umweltgiften. Angelika Reich ersetzt sie im Tee durch Holunderblü-

Angelika Reich in ihrem winterlichen Kräutergarten

ten. Andere Kräuter wie die Wegwarte, eine der blutreinigenden Pflanzen, sind in der Lage, Schadstoffe schnell abzubauen. Die Weinraute mit ihrem ausgeprägten Aroma ist eine alte Heilpflanze, früher wurde sie bei der Weinherstellung genutzt. Die Haut reagiert mitunter schon beim Berühren der etwas aggressiven Pflanze. Heilpflanzen sind ein »weiches Feld«. Sie lehren uns, wieder auf unseren Körper zu hören. Wenn man den Geschmack oder Geruch einer Heilpflanze ablehnt, ist das ein Zeichen, dass diese Pflanze uns nicht gut tut. Jeder kann lernen, »seine« Pflanzen zu finden. – Erfahrungswissen einer Kräuterfrau, das sie gerne weitergibt. Besonders wenn junge Leute Rat bei ihr suchen, freut sie sich.

Angelika Reich arbeitete lange gemeinsam mit ihrem Mann Jürgen, dem Töpfer und Fotografen, im Rostocker Zoo. 1984 begannen die beiden im ländlichen Bartenshagen mit viel Idealismus, sich ihren Traum von einem kreativen, naturnahen Leben zu erfüllen. Fachliche Hilfe fanden sie beim Bauernhausforscher Karl Baumgarten, in botanischen Gärten und Freilichtmuseen.

Behutsam bauten sie einen Altenteilerkaten aus dem Jahre 1800 denkmalgerecht zum Arbeiten und Leben um. Aus einer übersäuerten Wüstung schufen sie allmählich einen klassischen Bauerngarten nach historischem Vorbild. Alte und seltene Kulturpflanzen erblühen hier zu neuem Leben. Das kreative Paar ist Selbstversorger bei Obst, Gemüse und Kräutern, ihre Küche folgt der Jahreszeit. Wir sitzen im Zimmer und trinken Kräutertee eigener Ernte aus erdbraunen Töpferschalen. Auf der Koppel vor dem Fenster weiden bunte Appaloosas, die zutraulichen Pferde der Indianer. Ihre Zucht ist das Metier der tierliebenden Töpferfrau. Allerlei Bewegungsstudien von Pferden und anderem Getier aus Ton im Garten und in der Ausstellung zeigen ihre Vertrautheit mit Tieren. Sie experimentiert auch mit freier künstlerischer Keramik.

Unter den geschickten Händen ihres Mannes entsteht an der Töpferscheibe schönes Gebrauchsgeschirr, ihre Aufgabe ist die phantasievolle Bemalung der Rohware.

Ganze Pferdeherden, Kraniche, Fische bevölkern die getöpferten Krüge, Töpfe, Schalen, aber auch Blüten, Zweige und Blätter. Der Garten bietet Inspirationen in Fülle. Ihr endgültiges Aussehen bekommen die harmonischen Gefäße im lebendigen Holzofenfeuer in einem denkmalgerechten Backhaus. Hier trocknet sie auch ihre großen Kräutervorräte für den Winter. Geöffnet sind Werkstatt und Garten für Besucher immer, wenn die Reichs zu Hause sind. Ein ganzheitlicher Lebensansatz, ein inspirierender Ort für vielerlei Menschen zwischen Kräutern, Tieren, Kunst und Keramik.

Skulptur von Angelika Reich im Garten

Garten-Ringelblume *(Calendula officinalis)*

Studentenblume, Goldblume, Marigold, Butterblume, Totenblume, Sonnenwendblume

Die einjährige Ringelblume mit ihren leuchtendgelben bis orangefarbenen Blüten ist ein wunderbarer Farbtupfer im Garten und dazu eine uralte Heilpflanze. Sie wurde schon im Mittelalter als Zierblume gezüchtet und gehört zur Familie der Korbblütler. Im Mittelmeerraum wächst sie wild, bei uns wird sie kultiviert. Ihre Blüten öffnen sich bei Sonnenschein.

Sie gilt als gut angepasste Kulturpflanze. Hat man sie einmal im Garten, vermehrt sie sich mühelos und ist dazu noch ein ausgezeichneter Bodenverbesserer.

Calendula officinales enthält ätherisches Öl, Carotinoide, Flavonoide und viele andere Inhaltsstoffe in einem komplizierten Wirkmechanismus. Verwendet werden in der Heilkunde nur die Blüten in voll aufgeblühtem Zustand. Sie müssen bei sehr trockenem, sonnigem Wetter geerntet und schnell und schonend getrocknet werden.

Man verwendet die Blüten heute medizinisch äußerlich vorzugsweise vor Arnika und Kamille als Umschlag oder Salbe bei Verstauchungen, Blutergüssen, Nervenschmerzen, schlecht heilenden Wunden. Als Auszugsmittel empfiehlt sich Melkfett. Im 12. Jahrhundert empfahl Hildegard von Bingen »Ringhula« äußerlich zusammen mit Speck zur Behandlung der Kopfhaut bei Grind, innerlich bei Verdauungsstörungen. Paracelsus empfahl Ringelblumen bei Leberleiden. Der berühmte Dominikaner und Naturforscher Albertus Magnus (um 1200 - 1280) beschrieb die Ringelblume in seinem Kräuterbuch als kühlend und feucht vorzugsweise gegen Brandwunden.

Ringelblumentinktur

Blüten einige Wochen in einer Flasche mit 40prozentigem Alkohol in die Sonne stellen, anschließend schütteln. Die Tinktur hilft gegen Insektenstiche, bei der Wundheilung, bei Herpes, Zahnfleischentzündungen und Hautausschlägen.

rippetee

Zutaten:

Man nehme zu gleichen Teilen: Thymian · Salbei · Kamille · Holunderblüte · Lindenblüte

Zubereitung:

Nimmt man zu viele verschiedene Kräuter, kann sich die gewünschte Heilwirkung nicht so gut entfalten. Man erntet zu Heilzwecken vor der Blüte oder bei Blühbeginn generell Neutriebe, keine verholzten Pflanzenteile. Die Trocknung muss schnell und schonend erfolgen, um die wertvollen Inhaltsstoffe nicht zu zerstören: Auf der Heizung, in der Backröhre bei niedrigen Temperaturen oder im Brennofen. Die Kräuter sollten während des Trocknens mit Papier abgedeckt sein. Nach etwa zwei Tagen sind die Pflanzen bruchtrocken. Sie werden in Papiersäcken oder getöpferten geschlossenen Gefäßen verwahrt. Nach einigen Tagen sollte man kontrollieren und gegebenenfalls nachtrocknen, da die Blüten stark hygroskopisch sind und es bei unsachgemäßer Lagerung zu Pilzbefall kommen kann.

Fünf-Blüten-Tee

Tee aus Ringelblumenblüten wirkt schweißtreibend und blutreinigend. Der »Fünf-Blüten-Tee« ist gut gegen Fieber. Für ihn lässt man pro Liter Wasser je 10 g Blüten von Ringelblumen, Borretsch, Lavendel, Malven, schwarzem Holunder in kochendem Wasser ziehen. Er sollte beim ersten Anzeichen einer Erkältung getrunken werden, dann hat man auch Appetit auf den Tee. Haben die Kräuter ihre Wirkung getan, schmeckt der Tee nicht mehr, der Körper sendet dann ein Signal.

Die Ringelblume ist eine uralte Heilpflanze

Von Gicht, Wurstkraut und Huder
Der Kräutergarten im Warnemünder Heimatmuseum

In der Warnemünder Achterreeg steht ein altes Fischerhaus. Durch seine Tüsche, dem ortstypischen schmalen Gang zwischen zwei Häusern, gelangt man über den Hof in das kleine Kräutergärtlein. Es ist bedeutsam nicht durch Größe und Vielzahl der dort wachsenden Pflanzen, denn beides ist eher bescheiden. Bedeutsam ist der kleine Garten dadurch, dass er der erste angelegte Heil- und Gewürzkräutergarten in einem Museum seiner Art in Mecklenburg ist. Setzt man sich auf die schöne alte Bank im Hof, erzählt er uns manch Geschichte aus dem kargen Alltagsleben der Warnemünder Fischer vor dem Aufstieg des kleinen, ärmlichen Hafenortes von Rostock zum wohlhabenden Badeort. Tüsche und Kräutergarten waren im alten Warnemünde charakteristisch für jedes Grundstück. Der unfruchtbare sandige Boden eignete sich gerade noch für Blumen und Kräuter.

Im Jahre 1933, seit dem das Museum im II. Quartier in der heutigen Alexandrinenstraße »sien Hüsung« hat, richtete Stadtgärtner Wendt den am Haus anschließenden Garten so her, wie er etwa früher im Ort ausgesehen haben mag. Hinter einem Rosenbeet lag der Heilkräuter- und Blumengarten. Von Anis, Borretsch, Wurstkraut, Lavendel, Beifuß und manch anderem Kraut wird berichtet. Lehrer Planz, der als vorzüglicher Kenner der mit Heil- und Gewürzkräutern verbundenen Bräuche beschrieben wird, übernahm die Anlage und Ausgestaltung des öffentlichen Schaugartens.

Im Museumsführer von 1939 widmet der damalige Museumsleiter, Johannes Gosselck, auch dem Garten ein Kapitel. Er war zur Zeit seiner letzten Bewohner – der Witwe des Schiffers Jungmann und ihren beiden unverhei-

Fünfzehn Heil- und Küchenkräuter wachsen heute wieder im schmalen Museumshof

rateten Töchtern – vom Hof durch einen Bretterzaun getrennt und wegen seiner san-
digen Beschaffenheit auch mit Humus schwer kultivierbar. Gosselck beschreibt die
Anlage des Gartens nach dem Vorbild der Bauerngärten. Gemüseanbau war in Warnemünde wegen des schlechten Bodens nicht möglich. Was die Warnemünder in alten Zeiten für Pflanzen nutzten, ist wenig belegt. Der Volkskundler Richard Wossidlo
erwähnt die Asche der Rotbuche (»Bäukenasch«), die in einer aufwendigen, etwa vier
Wochen dauernden Prozedur zum Bleichen der frisch gewebten Leinwand verwendet wurde. Gosselck nennt für den Museumsgarten Pimpinelle als Heilkraut sowie Anis
als Gewürzpflanze. Als Küchengewürz und Heilpflanze erwähnt er Bohnen- und
Pfefferkraut, welches er fälschlicherweise Quendel nennt (Quendel ist eine alte Bezeichnung für den wilden Feldthymian). Borretsch wird als Speisekraut angebaut,
Ysop als Magen- und Brustmittel. Dill – beim Einmachen benutzt, galt als Abwehrmittel gegen Hexen. Kümmel, Majoran, Portulak, Thymian und Basilikum werden als

Basilikum gilt als die Königin der Gewürze

Wurstkraut aufgeführt, Liebstöckel als harntreibend. Genannt werden außerdem spa-
nischer Pfeffer, Weinraute,
Waldmeister, Lavendel (Mittel zum Einreiben gegen
Rheuma), Salbei (Heilkraut),
Estragon (zum Essigbereiten),
Beifuß (wurde gegen Ermü-
dung an die Füße gelegt). Der
Gundermann, als Huder be-
zeichnet, lieferte Tee gegen
Fieber. Der Hauslauch auf
dem Dach sagte den aber-
gläubischen Warnemündern,
wie viele Frostperioden der
kommende Winter bringen
würde, sichtbar an der Anzahl
der Schößlinge.

Die Warnemünder Fischer
waren durch ihre jahrhunder-

Thymian und Basilikum wurden im alten Warnemünde als Wurstkraut verwendet

telange erzwungene Abgeschlossenheit und Abhängigkeit von Rostock ein ganz eigenes Volk. Zwischen 1323 und 1869, bis die Gewerbefreiheit eingeführt wurde, war
Warnemünde ein Anhängsel der starken Hansestadt, durfte weder eigenes Handwerk
noch Schifffahrt betreiben. Aberglaube und überlieferte Traditionen spielten eine große
Rolle. Die Fischer, die schon wegen der feucht-kalten Witterung im Ort oft durch
Rheuma und Gicht geplagt waren, mussten sich alleine helfen. Sie glaubten an die Heilkraft der Bäume. So beschworen sie den Birnbaum, der in jedem Warnemünder Hof
stand, mit dem Spruch:
*»Birnbaum, ich klag dich! Die reißende Gicht, die plaget mich! Birnbaum, ich bitt dich
‹Nimm doch die reißende Gicht von mich.›«*
Der kleine Garten in der »Achterreg« wurde bis zum Kriegsende gepflegt. In den
70er Jahren gab es den Versuch einer Neuanlage. Seit 2004 betreibt der Museums-
verein Warnemünde das bis dahin zu den Städtischen Museen Rostock gehörende Heimatmuseum. Der idyllische Museumshof wird seitdem wieder durch ein Beet mit
fünfzehn Heil- und Küchenkräutern nach historischer Vorlage und dem typischen
Birnbaum bereichert.

Schwarzer Holunder (Sambucus nigra)

Wohl kaum ein anderer Strauch ist im Volksglauben von so viel Mystik umgeben wie der Holunder, der mit seinen weißen Blüten und seinen schwarzen Früchten Gut und Böse, Licht und Dunkelheit vereint. Wie viele mystische Pflanzen ist der Holunder eine hervorragende Heilpflanze und giftig zugleich – in größeren Mengen, roh und wegen seiner ungenießbaren grünen Beeren. Wegen der Möglichkeit von Blausäurebildung sollten Holunderzubereitungen immer abgekocht werden.

In einem Artikel aus dem Jahre 1939 beschrieb der Leiter des Heimatmuseums, Johannes Gosselck, die Bedeutung des Holunders, in Warnemünde Fliederbeerbaum genannt. »Un dat Pipenruhr is ut Fleeder.« Der Holunder fehlte in keinem Garten im alten Warnemünde. »He gew denn' Fleedertee un Fleederbeerensaft dörft in' Winter nich all warden. Wenn de Suchten braken warden müssten, denn wir mank nägenerlei Holt, dat bruukt würd, ook ümmer Fleeder.« Also wurde der Holunder hoch geschätzt, zum einen als Pfeifenrohr, zum anderen als Tee und Holundersaft, der im Winter nicht alle werden durfte. Zum Suchten brechen gehörte zu dem neunerlei Holz immer auch Holunder. Der niederdeutsche Begriff »Suchten brekken« bedeutete für die äußerst abergläubischen Warnemünder das Lindern von Leiden und Süchten, die nicht durch Medikamente, eher durch Worte und Willenskraft heilbar waren wie Manien. Der Heilende stärkte mit Tees, Salben und ähnlichem seinen Einfluss auf den Süchtigen.

Auch Friedrich Barnewitz weist in seiner Chronik des Hafenortes darauf hin, dass dem Fliederbeerbaum an der Nordwand des alten Kirchhofs bedeutende Heilkraft zugeschrieben wurde. Bevor Arzt und Apotheker in Warnemünde einzogen, mussten die Kranken sich selbst helfen. Bei Gicht versenkte der Schmerzgeplagte mit allerlei Sprüchen Hand- und Fußnägel sowie Haarbüschel bei abnehmendem Mond in einem Leinenläppchen im Stamm einer Weide oder des Fliederbusches, eine Woche drauf im Birnbaum.

Einwecken nach dem 2. Weltkrieg: Holundersaftgewinnung

Zutaten:

Rhabarber · Sauerkirschen · Johannisbeeren · Holunderbeeren (Mischung nach Geschmack und jahreszeitlicher Verfügbarkeit)

Zubereitung:

Die Fliederbeeren und Johannisbeeren waschen, entstielen und kochen. Rhabarber in 1 bis 2 cm dicke Stücke schneiden. Kirschen entsteinen und ebenfalls kochen. Das Fruchtmark in ein Safttuch geben. Der Beutel mit dem Fruchtmark wird oben zugebunden und muss über einer Schüssel so frei aufgehängt werden, dass der Saft abtropfen kann. Der so gewonnene Saft wird erneut aufgekocht und kochend heiß in die vorbereiteten Flaschen gegeben. Die gründlich gespülten Flaschen im Backofen vorwärmen, damit sie beim Einfüllen des heißen Saftes nicht platzen.

Als praktischer Verschluss für Saftflaschen und Marmeladengläser diente nach dem Krieg dünnes weißes Papier. Es gab eine genaue Anleitung für das mühsame Verfahren: »Das Papier wird kreisrund, 2 bis 3 cm größer als die Flaschen- oder Glasöffnung ausgeschnitten. Jeweils ein nur am Rand mit Magermilch angefeuchtetes Blatt wird auf die Flaschenöffnung gelegt. Ein zweites Blatt wird in Magermilch getaucht und auf das trockene Blatt gegeben. Beides wird am Flaschenhals mit der vollen Hand angedrückt. Luftdichter sauberer Verschluss. Die Flaschen müssen aufrecht stehen. Magermilchverbrauch eine Untertasse voll.«

Gerätschaften zum Einwecken im Heimatmuseum Warnemünde

Heilen mit Kräutern und der Seele

Frieda Schulz

———◆———

Sie liebt die Weite der mecklenburgischen Landschaft, die sie an ihre ukrainische Heimat erinnert. Sie wohnt in einem kleinen Haus am Waldrand von Gelbensande. Ihr Leben gleicht einem Geschichtsbuch, sie kann wunderbar daraus erzählen. Frieda Schulz, Jahrgang 1924, ist Wolhyniendeutsche. Ihre Vorfahren kamen mit der Einwanderungswelle von deutschen Siedlern Mitte des 19. Jahrhunderts in die Ukraine. Wie Tausende ihrer Landsleute wurde die Familie mit Beginn des 1. Weltkrieges nach Sibirien deportiert. Ihr damals etwa 14jähriger Vater und ihre Großmutter, Hebamme und Naturheilerin, hatten Glück im Unglück, sie mussten bei einem Apotheker arbeiten. Der erkannte ihre Fähigkeiten und wies sie in manche Geheimnisse seiner Künste ein. Die große Familie kam nach der Revolution von 1918 wieder in ihr ukrainisches Dorf, das inzwischen fast zu Polen gehörte. Etwa 20 Jahre blieben ihnen, den über 100 Hektar großen Hof wieder aufzubauen und zu bewirtschaften. Ihr Vater, den sie sehr verehrte, war Meisterbauer und züchtete Araberpferde. Frieda lernte als Kind schon reiten. Sie war das Älteste von neun Geschwistern. Noch heute schwärmt sie von ihrer glücklichen Kindheit. In ihrer Wohnung hängt ein großes Ölbild des elterlichen Gehöftes, gemalt von einer ihrer Schwestern.

Doch als sie gerade 15 Jahre alt war, begann der 2. Weltkrieg. Wieder mussten die Wolhyniendeutschen ihr Zuhause verlassen. In einem großen Flüchtlingslager in Schwerin half der Familie ihr Heilkräu-

Tausendgüldenkraut

Kalmus

45

terwissen zu überleben. Eine Typhusepidemie breitete sich aus. Der Vater tauschte Friedas Pumps, die sie von Verwandten aus Amerika geschickt bekommen hatte, gegen Wodka ein. Er hatte getrocknete Heilkräuter im Fluchtgepäck. Die Kräuter wurden in Wodka eingelegt und jedes Familienmitglied bekam je nach Alter eine kleine oder größere Menge der Medizin. Die gesamte Familie blieb gesund. Leider weiß Frieda Schulz nicht mehr, welche Kräuter ihr Vater benutzte. Aber sie erinnert sich an die Wildkräuter, die sie zu Hause sammelten und teilweise anbauten und wohl auch bei der Flucht mitnahmen. Ihre Großmutter heilte ihre Patienten mit Kräutern und sie kochte mit Kräutern, mischte Salbei unter den Salat, verwandte Kräuter für kalte Sommersuppen, manche gab es frisch auf Butterbrot. Sie schickte die Enkelkinder am Johannistag am 24. Juni los zum Sammeln von Löwenzahn, Wegerich, Schafgarbe, Hirtentäschel, Huflattich, Bärlauch. In ihrem Garten wuchsen Melisse, Schmackkraut (Salbei), Pfefferminze, Thymian, Lavendel, Schnittlauch, wohl auch Frauenmantel, wichtig für eine Hebamme, Kalmus und Tausendgüldenkraut. Die Heilkraft der Kräuter sollte um den Johannistag herum am stärksten sein, lehrte sie die Kinder.

Vom Frauenmantel erzählte sie: »*Die perlartigen Tröpfchen, die sich in den Blättern des Frauenmantels sammeln, galten einst als magische Flüssigkeit, als ‹Stein der Weisen›. Man glaubte gar, sie könnten unedle Metalle in Gold verwandeln. Daher der Name ‹alchemilla›.*«

So wuchs Frieda mit dem überlieferten Wissen um Kräuter ganz selbstverständlich auf. Als sie 1951 ihr Examen als Krankenschwester ablegte und später 15 Jahre lang als Gemeindeschwester in Gelbensande bei Rostock arbeitete, konnte sie vielen Patienten mit ihren Kräutern helfen. Obgleich das Heilen mit Kräutern in den 50/60er Jahren von den meisten Ärzten belächelt wurde. Als Gemeindeschwester führte sie auch Kurse für Säuglings- und Hauskrankenpflege durch, übernahm teilweise die DRK-Ausbildung für Fahrschüler. Immer gab sie dabei an die jungen Leute auch ihr Kräuterwissen weiter. Frieda Schulz versorgte Patienten in acht Dörfern

Das Große Schöllkraut gilt als alte heidnische Zauberpflanze

Frieda Schulz kann aus einem reichen Leben schöpfen

per Fahrrad. In ihrem Medikamentenkoffer auf dem Gepäckträger waren immer Heilkräuter dabei. Huflattichblüten für Tee gegen Husten, Löwenzahnwurzeln, im Herbst ausgegraben, bei Verstopfungen, Labkraut bei Magen-Darmkrankheiten, Melisse, Kamille und Pfefferminze bei Magenverstimmungen auch für kleinere Kinder. Heute noch in Erinnerung ist ihr eine Frau mit einem offenen Bein, die ihre Wunden mit Wegerichblättern bedeckt hatte. Sie schämte sich, Frieda das mit Blättern bedeckte Bein zu zeigen, und war dann hoch erfreut, als die Gemeindeschwester sie lobte, ihr die Wunde mit einem Kräutersud aus Kamille auswusch und erneut mit klein gehacktem, gequetschtem Wegerich bedeckte. Es dauerte zwar, aber das Bein heilte.

Doch es waren sicher nicht nur die Kräuter, die halfen. Schwester Frieda nahm sich Zeit für die Kranken, so wie sie es von ihrer Großmutter gelernt hatte. Sie heilte mit der Seele, das spürten die Patienten. Für ihr großes Engagement im Beruf wurde ihr die Hufeland-Medaille in Gold, die höchste Auszeichnung im DDR-Gesundheitswesen verliehen.

Auch heute noch, mit 84 Jahren, fährt sie mit dem Fahrrad in den Gelbensander Wald, um Kräuter und Pilze zu sammeln.

*G*roßes Schöllkraut *(Chelidonium majus)*

Das gelb blühende Schöllkraut wird heute weit verbreitet als giftiges, lästiges Unkraut angesehen. Dabei ist es eine alte Heilpflanze, anspruchslos von seinen Wachstumsbedingungen her, selbst unter der winterlichen Schneedecke kann man es noch sammeln. Frieda Schulz verwendet den Saft der zerdrückten Blätter und Stängel gegen Warzen und Hautausschläge. Außerdem wirkt er desinfizierend bei leichten Schnittwunden. Bei ermüdeten Augen nach anstrengender geistiger Arbeit empfiehlt sie, den frischen orangefarbenen Schöllkrautsaft auf die Augenlider zu streichen. An ihrem Hausdach hat sie beobachtet, dass auch die Schwalben den Kleinen im Nest etwas Blattsaft auf die Augen streichen. Tatsächlich wird der Saft in der Homöopathie als Tinktur bei Sehschwäche eingesetzt. Chelidon bedeutet bei den Griechen Schwalbe. Es heißt bei Dioskurides, das Kraut blühe vom Eintreffen der Schwalben bis zu ihrem Wegzug im Herbst.

Das Schöllkraut aus der Familie der Mohngewächse blüht vom Mai bis in den Herbst hinein. Stängel und Wurzel enthalten den leicht giftigen orangegelben, dicklichen Saft. Er eignet sich ausgezeichnet zum Färben von Wolle. Die Pflanze enthält unter anderem Chelidonin, ein Gift, das bakterientötend wirkt und die Zellteilung beeinflusst.

Tee aus dem Kraut vor der vollen Blüte (nur brühen) wirkt krampflösend, beruhigend, blutreinigend und blutbildend, ist homöopathisch angewendet hilfreich bei Gallen-, Nieren- und Lebererkrankungen. Wirksam ist eine Pflanzenabkochung gegen Blattläuse. In der Volksheilkunde und der Homöopathie wird die Droge, auch unter dem Namen »Hexenkraut« bekannt, zudem äußerlich gegen Hühneraugen und Flechten benutzt. Am heilkräftigsten ist der Saft aus den Wurzeln.

Haltbare Ringelblumensalbe

Etwa vier Hände voll Ringelblumen (Blüten, Stängel, Blätter) klein schneiden. 500 g Vaseline erhitzen. In das heiße, flüssige Fett die Ringelblumen geben, die Masse aufschäumen lassen, sie dann vom Herd nehmen und über Nacht stehen lassen. Am nächsten Tag alles leicht erwärmen, dann durch ein steriles Leinentuch drücken (steril machen mit dem heißen Bügeleisen) und in kleine verschließbare Gefäße füllen.

Die Krankenschwester empfiehlt die Salbe bei offenen Beinen, Hautentzündungen.

Die Ringelblume ist reich an guten Gaben für den Menschen

Von Mädesüß, Augentrost und Gottesgnadenkraut

Freilichtmuseum Klockenhagen

»Gedeihen Schafgarbe und Löwenzahn,
ist's um den Menschen wohlgetan.«
altes Sprichwort

Ein Zauber liegt über dem prachtvoll blühenden Garten am leuchtend weißen Rohrdachkaten. Tiefer ländlicher Frieden, Hühner gackern, Gänse stolzieren über die Wiese, Schafe grasen in der Stille, roter Mohn wiegt sich im Wind. Verschüttetes, einst hoch geschätztes Volkswissen wieder in Erinnerung zu rufen, ist Anliegen des Lehr-Kräutergartens mit etwa 300 überwiegend einheimischen Pflanzenarten im Freilichtmuseum Klockenhagen bei Ribnitz. Die Auswahl und Einordnung der Pflanzen nach ihrer Wirkungsweise erfolgte in Anlehnung an die Schriften Hildegard von Bingens (1098 - 1179) und nach Erfahrungen von Hirten und Bauern im alten Mecklenburg. Heute noch werden in nordischen Ländern die Hirten befragt. Die feinfühligen Naturbeobachter gelten als »Doktor des Nordens«. Sie haben jene innere Ruhe, die uns oft fehlt.

Manche früher hoch geachtete Pflanze wie der Engelwurz wird heute aus Unkenntnis oder Angst vor Verwechslungen als lästiges Unkraut verkannt oder durch übertriebenen Ordnungssinn

Heiderose Grube bei einer Führung im Kräutergarten

abgemäht, wie das Mä-
desüß bei der Graben-
reinigung, und so all-
mählich ausgerottet. So
stirbt Vielfalt.

Was man früher
von Feld, Wald und
Wiese an Nützlichem
gesammelt hat, steht im
Garten des Freilichtmu-
seums auf engstem
Raum. Der Heil- und

Waldmeister am Flechtzaun

Würzgarten, der die ursprüngliche Pflanzenvielfalt unserer Region wieder ins Be-
wusstsein rufen möchte, entstand 1998 zu Ehren des 900. Geburtstages der Hildegard von Bingen. Windgeschützt und sonnig am Hinterausgang eines Querdielen-
hauses von 1806 können die Kräuter hier üppig gedeihen. Die Seele des Gartens ist
die Biologin Heiderose Grube. Sie übernahm die fachliche Leitung bei der Anlage
des Kräutergartens und erinnert sich an die Anfänge: »Mädesüß, Hauhechel und
Blutwurz haben wir an Stellen, die ich noch von botanischen Exkursionen her kannte,
ausgegraben bzw. Samen von geschützten Pflanzen gesammelt und selbst herange-
zogen, andere wurden getauscht mit Kräutergärten wie Ludwigsburg. Mitarbeiter
des Ribnitzer Vereins zur Förderung der Arbeit und Qualifizierung haben unter anderem den schützenden Zaun aus Weidenruten geflochten – das passende Material
zur Einfriedung eines Kräutergartens. Wurde doch Weidenrinde früher auch zu Heilzwecken genutzt.«

Der Küchenkräuterbereich mit den Würzkräutern (auch Wurzeln verwandten
unsere Großmütter zum Würzen, daher der Name »Gewürz«) kam in Klockenhagen
ans Haus. Die Heilpflanzenbeete sind thematisch nach Wirkung auf den menschli-
chen Organismus angelegt.

Voraussetzung für eine solche Einordnung sind Kenntnisse über Wachstumsbedingungen unterschiedlicher Pflanzenarten. Wie bei den Menschen gibt es auch bei
den Pflanzen einige, die »sich nicht riechen können«. Man sollte darüber hinaus vor
dem Pflanzen oder Säen die Bedingungen kennen, unter denen die Kräuter gedeihen.
So braucht die aromatische Eberraute kalkhaltigen Boden. Wildsamen sollte man

Gottesgnadenkraut ist eine seltene alte Heilpflanze

sofort säen, da die Keimfähigkeit begrenzt ist. Augentrost, mittlerweile eine sehr seltene Pflanze, lässt sich beispielsweise schwer umsetzen. Sie ist ein so genannter Halbschmarotzer, wächst auf trockenen Schafwiesen und klammert sich mit ihren Saugwurzeln an bestimmte Wiesengräser, die für sie wichtige Mineralien enthalten.

Neben dem Wissen um den Anbau sollte der Kräuterfreund gerade beim Sammeln von Wildpflanzen deren botanische Erkennungsmerkmale kennen, Verwechselungen können gefährlich werden. Paracelsus' alte Weisheit von der Dosis, die das Gift macht, erklärt die Biologin am Beispiel des Gottesgnadenkrautes: »Die Naturschätze Gottes können eine Gnade sein, wenn man versteht, damit umzugehen« – in kleinen Mengen ist die seltene alte Heilpflanze gut fürs Herz, bei Überdosierung können durch Vergiftung gefährliche Herzrhythmusstörungen auftreten.

Den überlieferten Erfahrungsschatz aus dem ländlichen Mecklenburg, gewürzt mit alten Hausrezepten und praktischen Tipps, vermittelt Heiderose Grube nun schon zehn Jahre lang von April bis Oktober in wöchentlichen thematischen Führungen im Kräutergarten. Das beginnt beim richtigen Zeitpunkt zum Säen und Ernten über Schönheitspflege mit Kräutern, würzende Heilpflanzen für die Küche bis zum biologischen Gärtnern mit Kräuterkraft: Lavendel lenkt Ameisenstraßen um, Wurmfarn vertreibt Schnecken. Weinraute, eine typische »Hildegard-Pflanze«, verleiht dem Grappa seinen typischen Geschmack, eine Fenchel-Efeu-Mischung hilft gegen Augenfältchen, Salbei gilt als Naturzahnbürste, Ysop kräftigt feines Haar.

Immer mehr Menschen besinnen sich auf natürliche Hausmittel und wollen wieder im Einklang mit der Natur leben, das spürt Heiderose Grube im Gespräch mit Besuchern. »Die Anwendung von Heilpflanzen hat nichts mit Mystik zu tun, die Wirkstoffe der meisten Pflanzen sind heute erforscht.«

*E*chter Engelwurz *(Angelica archangelica)*

Heiligenbitter, Geistwurz, Brustwurz

Einer Legende nach hörte ein frommer Mann einst die Stimme eines Engels, die von der Pflanze als der rettenden Speise gegen die Pest sprach (lat. angelis: Engel, archangelica: Erzengel). Heiltee aus Engelwurz galt im Mittelalter als Mittel gegen Pest und bösen Zauber. Engelwurz wurde in den Klostergärten angebaut. Die imposante mannshohe Pflanze aus der Familie der Doldengewächse, eine der größten heimischen Stauden, blüht im Frühsommer. Sie wächst wild auf feuchten Wiesen, an Gräben, Teichen und Bachufern. Alle ihre Teile sind nutzbar, dienen der Heilung und Gesundheitsförderung.

Vorsicht: Es besteht Verwechslungsgefahr mit dem stark giftigen Gefleckten Schierling. Unterscheidungsmerkmale sind der Geruch (wenn man Schierlingsblätter zerreibt, riechen sie nach Mäusen) und der Stängel, der beim Schierling im unteren Abschnitt grün gefleckt bis violett getupft ist. Engelwurz hingegen duftet aromatisch. Der Stängel ist unten rötlich und hohl. Sicheres Erkennungsmerkmal ist die ballförmige Dolde.

Engelwurz wirkt, ähnlich wie Dill, durch seine ätherischen Öle und Bitterstoffe verdauungsfördernd, krampflösend und desinfizierend im Darmbereich. Die Blätter kann man als Teeaufguss bei Erkältungen und Blähungen verwenden. Wegen seiner magenfreundlichen Eigenschaften wird Engelwurz auch als Gewürz für Kräuterliköre und Magenbitter genutzt. Samen und Wurzel bilden die Grundlage berühmter Liköre wie »Chartreuse« oder »Benedictine« aus Frankreich. Die Wurzel ist zudem Hauptbestandteil von Melissengeist. Sie ist der heilkräftigste Teil der Pflanze und hat einen würzigen, starken Geschmack.

Für Heilzwecke werden die zweijährigen Wurzeln und die Früchte im Herbst gesammelt, wenn sie das meiste ätherische Öl enthalten. Die zerschnittene und getrocknete Droge, die auch Harz und Gerbstoffe enthält, hilft als Teeaufguss bei Magenverstimmungen, Migräne und Nervosität. Heißer Tee aus Samen ist hilfreich bei

Erkältungen und bei Blähungen. Engelwurzsirup beugt Infekten vor, daher der Name Brustwurz.

Äußerlich wird der gekochte Wurzelextrakt dem Badewasser bei Rheuma und Gicht zugefügt und zum Gurgeln verwandt. Allerdings kann Engelwurz die Lichtempfindlichkeit der Haut erhöhen. Bei der Anwendung – Vorsicht bei Sonnenbestrahlung! In hohen Dosierungen ist die Pflanze leicht giftig.

Auch in der Küche ist Engelwurz vielseitig verwendbar. In den nordischen Ländern wird er als alte Heilpflanze und als gesundes und würziges Nahrungsmittel geschätzt. Rentiermagen, gefüllt mit Engelwurzsamen, ist im Norden noch heute ein beliebtes Mahl. Als eines der ersten frischen Kräuter im Frühling gilt die Pflanze dort als Delikatesse. Die Lappen bereiten aus den blühenden Dolden, mit kochender Rentiermilch übergossen, einen Brei. Er wird in Rentierdärme gefüllt und wochenlang zum Trocknen aufgehängt, dann in Scheiben geschnitten. Eine wohlschmeckende, käseartige Speise, die zudem noch verdauungsfördernd wirkt. Die jungen Blätter eignen sich fein gehackt für Salate und Joghurt-Saucen, geben Obstspeisen, Käse und Fisch einen pikanten Geschmack. Sie verstärken das Aroma von Marmeladen und mildern mitgekocht die Rhabarber- und Stachelbeersäure. Blatt und Stängel kandiert sind ein besonderer Genuss, geeignet auch als Kuchengitter zur geschmacklichen Verfeinerung. Kandierte Knospen kann man als Bonbon lutschen.

Kandierter Engelwurz

Zubereitung:
Engelwurzstängel (möglichst dünn und zart) in Stücke von ca. 10 cm Länge schneiden. So lange in Wasser kochen, bis sie weich sind. Gut abtropfen lassen und Außenhaut abziehen, falls sie zu hart sein sollte.

Die Stängel (Menge nach Bedarf) abwiegen und 1:1 mit feinkörnigem Zucker ziehen lassen. Nach 1 bis 2 Tagen hat sich der Zucker aufgelöst. Die Stängel mit Wasser bedecken. Jetzt wird alles langsam erhitzt, bis die Flüssigkeit nahezu verdampft ist. Die Stängel auf ein Kuchengitter legen und an einem warmen Ort 1 bis 2 Tage trocknen lassen. Bis zur Weiterverwendung luftdicht verschlossen halten, zum Beispiel in einer Keksdose.

Kräuter & Kunst in Ehmkendorf

Nora Fischers Wildkräuterhotel

―――•―――

Sie hat nicht nur vom Paradies geträumt. Sie hat sich eines erschaffen, mit eigenen Händen und mit ganzer Seele. Sie hatte Visionen, sie hat einen verwunschenen Ort erkannt. Und ihn angenommen. Ihre Visionen haben ihr geholfen zu widerstehen, nicht fassbare Situationen auszuhalten. Ein verwunschener Ort war Ehmkendorf, als sie ihn kennenlernte. Doch alte Bäume waren da, ein riesiger verwilderter Park, grandiose Natur, Stille, Weite. Mitten im lieblichen Recknitztal, einer reizvollen hügeligen Flusslandschaft, Landschaftsschutzgebiet. Zum Gut führt ein Weg, der scheinbar nicht weiter geht. Ein Ort am Ende der Welt. Vollkommene Abgeschiedenheit. Inspirierend für Anfänge. Und dieses Riesenhaus. Neogotisch, ein Rittergut aus dem 19. Jahrhundert. Dreigiebelig, damals – vor über 15 Jahren – grau verputzt, typische DDR-Nutzungsgeschichte, marode. Schwamm, bröckelnder Putz allerorten, feuchte Kälte im Winter, Schuttberge im Keller, Riesenräume, schwer heizbar. Eine gewaltige Herausforderung. Nora Fischer zelebrierte dort die Romantik der Übergänge. Schuf poetische Raumstimmungen in all den Jahren der Improvisation, des allmählichen Gestaltens ihrer Visionen. Konzerte, Lesungen, Jugend-Workcamps belebten das alte Haus und verwandelten den Park. Ein leicht-luftiger Weidendom als grüner Konzertort verströmt Erhabenheit und Innerlichkeit zugleich. Im Lehmbackofen werden herzhaftes Brot und Kuchen mit Obst aus dem Gutsgarten gebacken. Eine Mosaikbank im Grünen lädt zum Verweilen.

Nora Fischer ist Künstlerin und Kräuterfrau

Die Kneipe »Zum guten Heinrich« mit dem alten Gutsherd lädt ein zu Jahreszeitenküche

Die Dimensionen von Haus und Park lehrten Nora Fischer Gelassenheit. Der Weg war lang und steinig und doch schön. Der Ort im Wandel wurde zu einem Kraftort. Er forderte alle ihre Kraftreserven und er gab Kraft. Die einstige Kunstlehrerin, Mode- und Textilbildgestalterin kam aus Berlin. Im ländlichen Ehmkendorf fand sie ihre Lebensaufgabe. Sie bewahrte das denkmalgeschützte Gut vor dem Verfall und ließ hier einen Ort für Kunst- und Naturliebhaber entstehen. Hier schuf sie inspiriert von Wald, Wiese, Wind und Licht künstlerische Arbeiten wie »Laubart«, bizarre märchenhafte Gespinste aus Laub, Textilien und Papier. Und lernte wieder im Rhythmus der Natur zu leben.

In Ehmkendorf wurden die wilden Kräuter zu ihren Freunden. Sie umgeben sie auf allen ihren Wegen, laden mit ihren Düften, Farben, Eigenarten zum Kennenlernen, zum Kosten, Riechen, Lernen. Sie ist offen für diese Wunderwelt der Natur, sie duldet die wilden neben den gezähmten Kräutern in ihrem Garten, beide gehen wundersame poetische Symbiosen mit alten Mauerresten der Gutsanlage, mit den Kunstobjekten im Park und miteinander ein. Das jahrtausende alte Wissen der Menschen um die so erstaunlich vielfältigen Wirkungen der uns umgebenden Flora gibt sie in Kursen und bei ihren Wanderungen durch das idyllische Recknitz- und Maibachtal unermüdlich weiter und eröffnet so manchem den Blick für die eigentlichen Schätze unseres Daseins. Sie sieht sich in einer langen Traditionskette weiser Frauen, die noch im unscheinbarsten Pflänzchen den Kosmos des Lebens fanden.

2005 wagte sie den entscheidenden Schritt, ließ das riesige alte Gemäuer völlig entkernen und als Wildkräuterhotel umbauen. Die poetischen Räume tragen ihre gestaltende Handschrift, kräftiges Rot und Grün in den Salons im Erdgeschoss, leuchtend blaue Flure und altes Gebälk im Obergeschoss, große Fenster mit weitem Blick auf Park und Wiesen. Ein Mauervorsprung in einer der Ferienwohnungen ist fein bemalt mit einer zarten Ranke von ihrer Hand. Wohlfühlräume mit klingenden Namen – Klatschmohn, Kornblume, Nachtkerze oder Jasmin verführen zum Loslassen. Das Kneipen-Café heißt »Zum guten Heinrich«. Jahreszeitenküche lädt in Ehmkendorf ein zu Blüten, Blättern, Wurzeln, frisch gesammelten Pilzen – veredelt zu Borretschsüppchen, Baumtee und zu Buchstabenmenüs wie Avocado-Apfel, Birnen-Bohnensuppe, Möhren-Mandarine und anderen Köstlichkeiten der Natur. Gourmets können sich im »Blauen Salon« mit wilden und zahmen Kräutern, fein kombiniert mit fangfrischem Fisch und Wild aus dem Recknitztal verwöhnen lassen.

Und im Park leuchtet der wilde Mohn, der Lavendel duftet, der Kuckuck ruft, eine zarte Wicke windet sich um den blauen Rittersporn. Im Salatbeet steht ein alter Korbstuhl. Und paradiesische Ruhe schwebt über allem.

Der Blütengarten ist ein Paradies für Insekten

Die Douglasie *(Pseudotsuga menziesii)*

Der bis zu 60 Meter hohe immergrüne Nadelbaum gehört zur Familie der Kieferngewächse (Pinacea). Der schottische Botaniker David Douglas (1798 - 1834) brachte erste Samen im 19. Jahrhundert von einer Nordamerikaexpedition mit und kultivierte sie in einem Park bei London. Der schon vor der Eiszeit in Mitteleuropa beheimatete, später hier ausgestorbene Baum wird heute wieder in Gärten, in der Forstwirtschaft und in Parks angepflanzt. Die Douglasie ist die in Europa wichtigste exotische Baumart. Ihr relativ hartes, aber sehr dynamisches Holz wird vielseitig verwandt, es eignet sich hervorragend zum Bau von Dachstühlen und als Mastbaum für den Schiffbau. Das Harz duftet stark nach Zitrone. In unseren Breiten ist die Küstendouglasie, auch grüne Douglasie (Pseudotsuga menziesii subsp.) genannt, verbreitet. Die würzig aromatisch duftenden Nadeln sind grün bis blaugrün und sitzen unmittelbar auf dem Zweig auf. Der Stamm ist im Alter sehr dunkel und seine Rinde tief gefurcht, junge Bäume sind oft mit Harzblasen bedeckt.

Die immergrünen Spitzen finden in der Küche und als Heilmittel Verwendung. Das ätherische Öl mit dem klaren, frischen, citrusartigen Duft wirkt stimmungsaufhellend; Douglasien mit ihrem feinen Aroma werden auch Parfüm für herbe Duftnoten zugesetzt.

Aus dem Sud der zarten Jungtriebe lässt sich ein wunderbares Douglasienspitzengelee zaubern. Die Douglasie wird im Gegensatz zur Fichte und anderen Nadelbäumen nicht bitter.

In der feinen Küche werden die Spitzen wie Lorbeerblätter verwandt. Man lässt sie beim Kochen von Kartoffeln oder Rotkohl mit ausziehen und nimmt so die heilenden Kräfte der Nadeln mit auf. Die Douglasie enthält ätherische Öle und Harze. Der Baum schützt sich damit bei Verwundungen. Er hilft auch uns, Verletzungen zu versiegeln. Bei Entzündungen der Lippen oder des Zahnfleisches setzt man Douglasienharz auf wie dickes, klebriges Öl.

Ehmkendorfer Winterrezepte

Rosenkohl-Raps

Im Winter bei Frost und Schnee, wenn die Rapsfelder nicht gespritzt und gedüngt, nur von Wind und Wetter berührt werden, kann man die knackigen Rapsrosetten mit ihrem herrlichen dunklen schweren Grün direkt vom Acker ernten. Oder man sät selbst Rapskörner aus. Dann kann aus dem Eigenanbau geerntet werden. Die Rapsrosetten lassen sich gut knabbern oder im Salat verwenden, passen aber auch wunderbar zu Rosenkohl. Dabei werden sie kurz vor dem Servieren des gedünsteten oder blanchierten Rosenkohls untergehoben. Sie geben dem Kohl eine ganz besondere würzige Süße.

Dahlien-Douglasiensauce

Aus den immergrünen würzigen Douglasienspitzen mit dem feinen Duft nach Zitrone und Winter wird ein heller Teesud gekocht. Brühen Sie dafür die Spitzen im kochenden Wasser und lassen Sie sie ziehen. Der Tee kann auch Grundlage für Suppen, Saucen und Desserts sein. Dahlienknollen werden geschält und wie Kartoffeln gekocht, anschließend püriert. Zusammen mit dem Douglasiensud entsteht eine wunderbare Suppe, die sich auch gut als Sauce eignet. Gezupfte Dahlienblüten geben im Spätsommer Salaten eine farbenfrohe Nuance.

Nora Fischers Kräuter der Jahreszeit

Frühling: Veilchenpflanze, Wiesenkerbel
Sommer: Malvenblüten
Herbst: Nachtkerze
Winter: Douglasienspitzen

Die ursprüngliche Heimat der Dahlie ist Mexiko

Von Judasgroschen, Kartäusernelke und Himmelsleiter

Bibelgarten im Niederdeutschen Bibelzentrum »St. Jürgen« in Barth

Prästkrage – zur Dienstkleidung der evangelischen Pastoren in den Hansestädten entlang der Nord- und Ostseeküste gehört neben dem schwarzen Talar eine große weiße, gefältelte Halskrause. An ihre Form erinnern die weißen Blüten der Margerite. »Priesterkragen« ist ein Synonym für die wilde Wiesenmargerite. Andere Blumen wie die Madonnenlilie oder die Mariendistel – Pflanzen von auffallender Schönheit oder herausragender Heilkraft – bekamen ihren Namen unter dem Einfluss der Marienverehrung.

Namen, auch die von Pflanzen, spiegeln Kulturgeschichte, sie lehren uns altes Erfahrungswissen der Menschen. Sie sind Ausdruck der Achtung vor der Schöpfung. Bezeichnungen wie Osterglocke, Pfingstrose, Allerseelenblume zeigen die enge Verbindung der Menschen vergangener Zeiten mit dem Jahreslauf der Natur und den christlichen Festen. Manche der alten Namen sind heute noch im Sprachgebrauch, ohne dass den meisten von uns die eigentlichen Wurzeln noch bekannt sind.

Allerlei erbauliche und lehrreiche Geschichten über Pflanzennamen mit christlichem Ursprung oder christlichem Bezug erfährt man im malerisch angelegten Bibelgar-

Anette Lukesch

ten am Rande der Barther Altstadt. Die historische Hospitalkirche Sankt Jürgen, 1380 erbaut, einst unter anderem Armenhaus und Hospital, beherbergt heute eine Bibelausstellung mit Schätzen wie der Barther Bibel von 1588. Die mittelalterliche Anlage mit ihrer andachtsvollen Kapelle und den Wandmalereien atmet Geschichte und bietet zugleich ungewöhnliche Gegenwartseinblicke in das Buch der Bücher.

Die Seele des Bibelgartens ist Anette Lukesch. Die Diplomgartenbauingenieurin studierte an der Berliner Humboldt-Universität, begann als wissenschaftliche Mitarbeiterin in Potsdam im Bornimer Staudenkultur-Betrieb Karl Foerster, arbeitete später im Barther Zierpflanzenbau, nach 1990 unter anderem beim Naturschutzbund Deutschland, als Dozentin an der Barther Zivildienstschule und für den Bund für Umwelt und Naturschutz Deutschland bei Renaturierungsprojekten. Sie konzipierte den Starkower IGA-Pfarrschaugarten und den Barther Bibelgarten. Nicht nur am Schreibtisch, sie ist draußen bei den Pflanzen, pflegt den Garten, führt die Besucher, bestellt zu Hause gemeinsam mit ihrem Mann einen riesigen Garten und ist gleichzeitig noch regelmäßig im Garten des Hotels »Haferland« in Wieck auf dem Darß aktiv, der für die Hotelküche und die Gäste gleichermaßen wichtig ist.

Im Bibelgarten rankt Wein an den Backsteinmauern empor, ein Ölbaum gedeiht im Schutz der alten Hospitalmauern. Die Barther Gartenanlage im barocken Stil in Kreuzform mit vier buchsbaumgefassten Themensegmenten lehnt sich an die Kreuzgänge der Klostergärten an. Die Mitte ziert ein kugelförmiger Buchsbaum. Ein Beet ist gegliedert nach Pflanzen, die in der Bibel erwähnt werden wie Diptam, auch Brennender Busch genannt, Safrankrokus, Klatschmohn, der zu den »Blumen des Feldes« gehört, Kreuzkümmel, Maulbeere, Sumpfbinse oder die Tamariske.

Auf einem zweiten Beet wachsen Pflanzen der Klostergärten. Dazu gehören Akelei, Apothekerrose, Osterluzei, Schwertlilie, Topinambur, auch Erdbirne genannt, und Ysop. An einer schützenden Mauer gedeihen Feigenbäume.

Christliche Symbolpflanzen sind auf einem weiteren Beet angeordnet. Zu ihnen zählen der Efeu – Sinnbild der Treue, der Freundschaft und des ewigen Lebens, das Stiefmütterchen als »Dreifaltigkeitsblümlein« und die Erdbeere, deren dreiteilige Blätter für die Dreieinigkeit Gottes stehen Der niedrige Wuchs symbolisiert Demut und Bescheidenheit, die rote Frucht das Blut Christi. Ein weiteres Beet widmet sich Pflanzen, die nach christlichen Begriffen benannt wurden. Zu ihnen gehören das Gottesauge – die Knollenbegonie, die Engelstrompete, die Himmelsleiter oder die Kirchturmblume – die Lupine.

Blick in den Barther Bibelgarten

Ein viertes Beet erinnert an Pflanzennamen, die mit Personen der Bibel oder Heili-gen in Zusammenhang stehen. Dazu gehört die Karthäusernelke, benannt nach der französischen Bergregion »Chartreuse«, wo Mönche im 11. Jahrhundert ihr erstes Kloster gründeten. Die Mondviole oder Silbertaler war im alten Mecklenburg als Ju-dasgroschen bekannt. Sie wurde nach Judas benannt, einem der Jünger Jesu, der Geld dafür bekam, dass er Jesus an die Hohepriester verriet.

»Garten und Bibel haben viele Berührungspunkte«, erzählt Anette Lukesch. Gär-ten gibt es, seit der Mensch sesshaft wurde. Das Wort »Garten« stammt von »Gerte«. Mit einfachen Gerten wurden das urbar gemachte Land und die angebauten Pflan-zen vor Wildschaden geschützt. Solch ein Garten gibt Geborgenheit. Auch das Wort »Paradies« bezeichnet ursprünglich einen Garten. Paradueza (arabisch) bedeutet »um-friedeter Garten«.

$\mathcal{K}$apuzinerkresse *(Tropaeolum majus, Tropaeolum minus)*

Kutten mit praktischen Wind und Wetter trotzenden Kapuzen gehörten in vergangenen Zeiten zur Kleidung von Reisenden und Arbeitenden. Mönchsorden, die sich der praktischen Arbeit widmeten, übernahmen diese Kleidung als Ordensgewand. Die Ordensbekleidung der Kapuzinermönche, die sich aus dem Franziskanerorden heraus gegründet haben, ist durch auffallend große, spitze Kapuzen gekennzeichnet. Sie prägten die Benennung des Ordens. An diese großen Kapuzen erinnern die Blütenzipfel der Kapuzinerkresse.

Sie ist eine beliebte Zierpflanze, lässt sich aber auch als sehr gesundes Gewürz in Salaten und als Dekoration von Speisen verwenden. Ihre Blütezeit reicht von Ende Mai bis zum Frost. Die Verbindung des Namens mit »-kresse« leitet sich von dem der Kresse ähnelnden Geschmack der ganzen Pflanze, besonders der Früchte, ab.

Beheimatet ist die Kapuzinerkresse in Mexiko und Südamerika. Und ihre Blütenfarben sind echt südamerikanisch: Sattes Rot, Blutrot, Rosa, Gelb – all die Farben, die in Alltagsgegenständen und in der Kunst der Andenvölker zu finden sind. Man denke nur an die herrlichen Webstoffe oder Wandbehänge mit ihrer Farbkraft.

Bereits 1553 war die Kleine Kapuzinerkresse (T. minus), die nicht rankt, in Spanien bekannt. 1684 wurde die rankende Große Kapuzinerkresse (T. majus) aus Peru in die Niederlande gebracht und fand aufgrund ihres üppigen Wuchses und der ebenfalls lebhaften Blütenfarben schnelle Verbreitung in ganz Europa. Bereits um 1700 wurde sie »Capucine« genannt, woraus der deutsche Begriff »Kapuzinerkresse« wurde.

A propos Kapuze: Der italienische Begriff für kleine Kapuzen ist »Cappuccino«. Beim Genuss des guten Getränkes darf gern an die Kapuzen der Mönche, an die Kapuzinerkresse, den Bibelgarten Barth und christliche Wurzeln unserer Kultur gedacht werden. Übrigens: In Mecklenburg hieß diese Pflanze auch »Jungfer unnern Busch«, da die leuchtenden Blüten aus den grünen Blättern wie aus einem Busch hervorschauen.

Gesund und genussvoll

Ohne viel Vorbereitung kann Kapuzinerkresse Gutes für den Speisezettel tun:

Kapuzinerkresse – aromatisch und schön

Die frischen Blätter und Blüten sind roh ein gesundheitsfördernder Genuss. Zunächst ist eine milde Würze spürbar, die sich bis zur typischen kresseartigen Schärfe verstärkt. Dieser Geschmackswandel wird durch die Inhaltsstoffe der Kapuzinerkresse, die auch ihren gesundheitlichen Wert bestimmen, hervorgerufen. Beim Zerkauen ist es unter anderem ein ätherisches Öl (Benzylsenföl), das für den scharfen Geschmack verantwortlich zeichnet, und Ascorbinsäure. Deshalb wirkt die Pflanze so gut antibiotisch, gegen Viren, Pilze und Bakterien sowie Gewebeneubildungen. Die körpereigenen Abwehrkräfte werden gestärkt.

Sind zum Beispiel die Bronchien krank, ist die Kapuzinerkresse zu empfehlen, denn die Wirkstoffe werden teilweise durch die Lunge ausgeschieden und entfalten damit ihre Wirkung in den Luftwegen.

Beim morgendlichen Rundgang durch den Garten oder abends, wenn der Tag ausklingt, kann ganz unkompliziert an den Kapuzinerkressepflanzen genascht werden. (Säuglinge und Kleinkinder vertragen die Pflanze nicht, sie müssen noch etwas mit dem Genuss warten.)

Als Beigabe zu Salaten, auf Brot, als essbare Dekoration ist sie sehr zu empfehlen. Wie bei vielen Pflanzen sollte man den Genuss jedoch nicht übertreiben – ein Zuviel führt zu Darmreizungen. Die Blütenknospen und Früchte sind in Kräuteressig eingelegt ein Ersatz für Kapern. Eine interessante Alternative für die Eigenversorgung aus dem Garten.

Wie gut, dass die Entdeckerlust uns diese Pflanze aus Südamerika nach Europa brachte, dass die Freude am Schönen sie in unseren Gärten erhalten und verbreitet hat. Vielleicht hat sie nun als Heilpflanze eine nicht geahnte Zukunft vor sich.

Von Rotem Meier, Teebüfett und Kräuterfesten

Jeanette Nadebors Kräuterhof

Weit hinaus ins sanfte Trebeltal geht der Blick vom Kräuterhof in Carlsthal. Hier ist Stille, hier kann man wieder auf die Geräusche in sich lauschen. Nur die Kraniche sind zu hören und Gustav und Isolde. Sie stehen auf der Wiese und meckern zum Fenster hinein. Sie dürfen manchmal rings um den Garten herum weiden. Aber es bedarf Geduld und liebevoller Zuwendung, ihnen beizubringen, wo sie nicht fressen dürfen. Ziegen sind ein wählerisches Volk und Kräuterfeinschmecker. Im Garten an der Gutsscheune fänden sie ein weites Feld. Über 200 Kräutersorten wachsen hier im verträumten Hinterland neben alten Obstbäumen. – Doch Geduld gehört zu den Tugenden einer Kräuterfrau. Was gut gedeihen soll, bedarf der Muße. Jeanette Nadebor strahlt jene Art von Ruhe

Jeanette Nadebor –
Fachfrau für gärtnerische Kräuterkunde

aus, die aus einem Leben im Einklang mit der Natur rührt. Dabei ist ihr Alltag alles andere als geruhsam. Die Anzucht der Kräuter im Gewächshaus, Anbau und Pflege der Pflanzen im Garten, das Schneiden, Bündeln und Trocknen, das Veredeln zu bunten Teemischungen, feinen Kräuter- und Blütengelees, Wiesenkräuterschnaps, Ölen und Essig, das Sammeln von Wildkräutern und Beeren, Kräuterkurse, der Verkauf der eigenen Produkte auf Märkten den ganzen Sommer über, das Kochen zu Festen. Sie kommt kaum vom Hof weg. Nur zu den wöchentlichen Bio-Märkten während der Saison in Wieck an der Darßer Arche und in Zingst belädt sie frühmorgens ihr Auto. Dort bietet sie Pflanzkräuter-Töpfe und frisches Gemüse aus eigenem Anbau an, alte Gemüsesorten wie den »Roten Meier«, verwandt mit Amarandt, sibirischen Kohl und Postelein, Wurzelsträuße mit der lila Urmöhre und buntem Rettich, dazu ihre Kräuterprodukte. »Man muss es mit Freude wollen«, sagt sie und fügt hinzu: »Man muss fleißig sein und seine Ware selbst verkaufen, das persönliche Gespräch suchen und sich intensiv mit dem Thema befassen. Auf Dauer zahlen sich nur Vielfalt und Kompetenz aus«. Nach beruflichen Ausflügen in ganz andere Welten kehrte die gelernte Gärtnerin aus Berlin vor einigen Jahren wieder zu ihren Wurzeln zurück. In Wustrow auf dem Fischland eröffnete sie einen Kräuterladen. Die Kräuter sind ihr Leben geworden. Man braucht einen langen Atem und sie profitiert heute noch von ihrem Kundenstamm aus der Wustrower Zeit. 2004 begann sie gemeinsam mit ihrem Lebensgefährten im idyllischen Trebeltal nahe bei Bad Sülze jenseits der Touristenströme ihre Vision vom eigenen Kräuterhof zu verwirklichen. Mit Blumen-, Kräuter- und Gemüsegarten, umgeben von schützenden Hecken aus Sanddorn, Stachelbeere, Kornelkirsche, Schlehen und Johannisbeere. In einer alten Stallscheune entstanden Lebensräume zum Wohnen und Arbeiten, Hofladen und Café. Auf der luftigen Tenne hängen die Kräuter zum Trocknen. Im Weihnachtsmonat auch am Samstagnachmittag und von April bis Oktober jeden Sonntag von 14.00 bis 18.00 Uhr sind Café und Hofladen geöff-

Jeanette Nadebor auf ihrem Kräuterhof

Pflanz-Kräuterverkauf in Carlsthal

net, bei schönem Wetter lädt dann auch der Gästegarten mit hausgebackenem tradi-
tionellem Obstkuchen, Kaffee, Kräuterlimonade und frischem Kräutertee aus selbst
getöpfertem Geschirr ein. Auf der Tenne ist ein Teebüfett mit Kräutern lose nach
Sorten von A bis Z aus eigenem Anbau zum Auswählen für Kreative aufgebaut. Alljährlich im Mai und September zelebriert Jeanette Nadebor Kräuter-Genuss-Feste mit
leichten Akkordeon-, Klavier- oder Saxophonklängen und kleinen kulinarischen Genüssen aus eigener Ernte wie Kartoffelpuffer mit Kräutern, Suppen, Salaten, Gemü-
sepfannen. Als ständiges Angebot gibt es traditionelle und immer wieder botanische
Überraschungen wie Monarden oder Melissesorten – Moldawische Melisse, Kreta-
Melisse – als Pflanzkräuter zu erwerben. Die Gärtnerin bevorzugt winterharte, interessante und nützliche Kräuter, dankbare Pflanzen, die sich selbst vermehren. Die
aromatischen Agastachen sind ihr besonders ans Herz gewachsen. Im Weihnachtsmonat wärmt heißer Kräuterpunsch aus Salbei, Thymian, Anis, Kardamom, Zimt
und manch anderer Zutat. Nach Absprache bietet die Kräuterfrau zudem individu-
elle Kurse zur gärtnerischen Kräuterkunde in kleinem Kreis an.

Agastache *(Rugosa syn.)*

Auch als koreanische oder Anis-Minze bezeichnet, ursprünglich beheimatet in China, Japan, Korea, stammt die Agastache aus der Pflanzenfamilie der Lippenblütler. Ihr Blütenstand ist in Rispen angelegt. Sie kann je nach Bodenverhältnissen bis zu einem Meter hoch werden und ist äußerst ergiebig. Zur Gattung der Agastache gehören unterschiedliche Arten, unter anderem die Gartenduftnessel (Agastache foeniculum syn.), auch Blaue Bergminze genannt, mit lakritzartigem Aroma, die aus Nordamerika stammt und auch nach Anis schmeckt. Auch sie ist eine Heil- und Teepflanze. Beide Pflanzen sind, obwohl sie von ganz verschiedenen Erdteilen stammen, selbst für den Botaniker leicht zu verwechseln. Die Ähnlichkeit rührt vermutlich noch aus Zeiten, als die beiden Kontinente noch nicht getrennt waren.

Mitunter wird die Agastache auch mit der ebenfalls aus Nordamerika stammenden Bergmelisse, Bergamotte, der Indianernessel (Monarda didyama) verwechselt, eine alte indianische Heilpflanze, die aber zur Pflanzenfamilie der Monarden zählt. Jeanette Nadebor schätzt die winterharte, sehr aromatische Agastache rugosa auch wegen ihrer schönen purpurfarbenen bis violettbläulichen Blüte als dekorative und vielseitig nutzbare Pflanze im Kräutergarten.

Die nach Minze und Anis duftenden Blüten und Blätter, von Ende Mai bis in den Spätherbst als leuchtende Farbtupfer im Garten ein Mekka für Bienen und Schmetterlinge, verwendet sie frisch und getrocknet als Teearoma. Sie wirken entschlackend, wassertreibend, vorbeugend und lindernd gegen Erkältungen. Die Gärtnerin empfiehlt häufiges Schneiden, wodurch die Pflanze zu fleißigem Blühen angeregt wird. Frische Blätter bereichern ihre Küche, klein gehackt auf Butterbrot, im Kräuterquark, als Suppe, statt Basilikum Agastache mit Tomaten und Ziegenkäse. Getrocknete Agastache-Sträuße behalten lange ihre schönen Farben und zaubern mit ihrem aromatischen Duft den Sommer ins Haus.

Agastache-Röllchen mit Ziegenfrischkäse

Zutaten:

Agastache-Blätter · 400 g Gehacktes von Schwein und Rind · 150 g Ziegenfrischkäse · 1 große Knoblauchzehe · 1 Ei · 2 Esslöffel Semmelmehl · Pfeffer und Salz aus der Mühle

Zubereitung:

Man verwendet die untersten großen Blätter der Agastache rugosa, wäscht sie kurz und lässt sie abtropfen. Dann vermischt man das Gehackte mit dem Ziegenfrischkäse, dem Knoblauch, Eigelb, Semmelmehl, Salz und Pfeffer. Die Masse gibt man zu kleinen Teilen mit der Gabel auf je drei Blätter, so dass die Blätter die Masse umhüllen. Die Röllchen mit einem Zahnstocher zusammenstecken. Olivenöl in eine Pfanne geben, nicht zu heiß werden lassen, bei etwa 60 Grad Celsius langsam garen. Statt der Agastache-Blätter lassen sich auch andere etwas kräftigere, aromatische Blätter verwenden.

Kräutertisch

Von Romantik-Visionen und dem Weg der Rose

Schloss- und Gutshofanlage Ludwigsburg

D ie zierliche, agile 70jährige Christel Schmidt hat große Visionen. Sie ist die Seele des seit 1998 bestehenden Fördervereins »Schloss und Gutshofanlage Ludwigsburg e.V.« Betrachtet man die riesige marode barocke Anlage, ahnt man, wie viel Mut und Kraft es brauchen wird, das historisch bedeutsame Ensemble in altem, neuem Glanz erstrahlen zu lassen.

Ludwigsburg ist ein historischer Ort in mehrfacher Hinsicht. Zum einen ist das Schloss, erbaut Ende des 16. Jahrhunderts vom Herzog Ernst Ludwig zu Pommern-Wolgast, mit seinen Relikten aus der Erbauungszeit kulturhistorisch bedeutsam. Zum anderen atmet es europäische Zeitgeschichte dank seiner illustren Bewohner, darunter Herzogin Hedwig Sophie, die schwedische Generalsfamilie Mühler von der Lühe und der schwedische Oberstleutnant Ernst Sebastian von Klinkowström. Letzterer hatte einen Sohn, Friedrich August, der dem Ort zu Berühmtheit ganz eigener Art verhalf. Besagter Friedrich August, der in Dresden und Kopenhagen Malerei studierte, war mit Philipp Otto Runge und Caspar David Friedrich befreundet. Es ist historisch belegt, dass die drei Romantiker sich gelegentlich im Schloss Ludwigsburg trafen. So liegt eine der Visionen des Vereins nahe, Schloss Ludwigsburg in Zusammenarbeit mit der Universität Greifswald als norddeutsches Romantikerzentrum zu etab-

Christel Schmidt – die Seele des Ludwigsburger Schaugartens

lieren. Belegt ist auch aus der schwedischen Matrikelkarte von 1761, dass sich vor dem Schloss ein großer barocker Garten in der klassischen Form der englischen Schlossgärten befunden hat. Er wurde bis in die 1970er Jahre noch genutzt. Heute befindet sich hier der Dorfplatz. Der Kräutergarten war in Anlehnung

Wikinger-Hochzeit auf Schloss Ludwigsburg

an die klassischen Klostergärten wie ein Kreuz angelegt, mit Querbeeten und einer Hainbuchenhecke. Das Kreuz symbolisierte das helfende Christusmotiv. Der Kräutergarten hat nachweislich bereits zu Zeiten der Herzogin Sophia Hedwig zu Pommern-Wolgast existiert. Es heißt, in ihrem Grab lag ein Kräuterstrauß.

Auch eine Vision der engagierten Kapitänstochter aus Wieck, Christel Schmidt, ist die Anlage eines therapeutischen Gartens. »Ein Garten für die Sinne – ganz in weiß am Schlossteich«, schwärmt sie. Der etwa 1,5 Hektar große Kräutergarten im Park mit seinen freistehenden Feldsteinmauern und dem Flechtzaun ist schon jetzt eine Oase. Angelegt nach alter Klostergartenform mit einem großen lateinischen Kreuz in der Mitte zeigt er den Weg der Kräuter durch die Jahrhunderte. Begeistert erzählt die gelernte Apothekenhelferin und ehemalige biologisch-technische Assistentin der Universität Greifswald, die im Rahmen von Landschaftspflegeprojekten schon mehrere Kräutergärten anlegte, von ihrer Kindheit mit Kräutern: Vom Wacholder, der in Vorpommern Knirk genannt wird, vom »Mäusebraten« ihrer Mutter – Giertz (Giersch) mit Stampfkartoffeln, oder vom Beifuß, der »Satanspflanze« gegen böse Geister. Und natürlich von der Geschichte der Kräuter, die sich in den fünf Quartieren im Garten in Ludwigsburg spiegelt. Beginnend mit dem 8. bis 10. Jahrhundert, nachempfunden alten Klostergartenplänen und der Capitulare de villis Karls des Großen wachsen im Ludwigsburger Schaugarten Mentha (Minzen), Ambrosia (Schafgarbe), Feniculum (Fenchel), Salvia (Salbei) und Marrubium (Andorn). Daneben gibt es ein Hildegard von Bingen-Beet mit Heil- und Gewürzpflanzen des 11. und 12. Jahrhunderts. Hier gedeihen Feldthymian und Eselsdistel, die man einst wie Spargel kochte, die Sophienrauke, eine Verwandte vom Raps, Seifenkraut, Blutwurz, die Wegwarte und die heimische Goldrute. Ein dritter Teil des Gartens zeigt den Weg der Rose. Christel Schmidt schwärmt vom berühmten Rosengarten Josephines, Napoleons Ehefrau, erzählt von Apotheker- und Damascenerrosen, von englischen Parkrosen und alten Bauerngartenrosen. Wenn all die edlen Schönen blühen, gleicht der Garten in Ludwigsburg einem Paradies. Ein anderes Quartier zeigt Kräuter vom 13. bis 20. Jahrhundert, dem Zeitalter der Entstehung vieler Kräuterbücher, der Apotheker- und Bauerngärten. Zu diesem Teil gehören auch die vielfältigen Auswirkungen der Entdeckung Amerikas bis zu uns bisher unbekannten Kräutern im 20. Jahrhundert. Dazu zählt die Traubensilberkerze, eine Geranienart aus Südamerika. Die exotische Schöne eignet sich frisch zum Würzen ebenso wie zur Gesundheitspflege. Das Quartier V des Ludwigsburger Gartens ist nach Krankheitsbildern angelegt und erfreut sich großer Besuchernachfrage.

Viermal jährlich lädt Ludwigsburg zu Kräuter- und Räuchermärkten. Dort werden auch Produkte der eigenen Kräutermanufaktur verkauft. Darunter Pommernkräuter aus kontrolliert biologischem Anbau, Kräutergewürze, Duftkissen und fein verpackte Blütenblätter alter Rosensorten.

Gartenquartier »Weg der Rose« im Kräuterschaugarten

Eingriffeliger Weißdorn (Crataegus monogyna)

Hagedorn, Heckendorn oder Zaundorn

Weißdorn aus der Familie der Rosengewächse ist ein weit verbreiteter Strauch oder Baum mit weißen Blüten und spitzen Dornen, der sehr alt werden kann. Er ist in Hecken, an sonnigen Hängen, Waldrändern und Hausgärten als »grüner Zaun« anzutreffen. In der Volksheilkunde werden Blüten, Blätter und Früchte verwendet. Als Herzmittel anerkannt ist Weißdorn in unseren Breiten etwa seit der Jahrhundertwende. Seine Wirkung ist weitgehend erforscht – er wirkt vor allem herzstärkend und Blutdruck regulierend. Die Anwendung erfolgt bei überanstrengtem Altersherz, überfordertem Herz durch Stress, nachlassender Herzleistungsfähigkeit sowie bei leichten Herzrhythmusstörungen.

Als Kur kann nur nach ärztlicher Absprache Tee aus Weißdornblüten oder Blüten und Blättern gemischt getrunken werden. Ohne Bedenken ist Weißdorn in Hausteemischungen anwendbar. Selbst bei Dauergebrauch sind keine Nebenwirkungen bekannt. Wie bei allen Heilpflanzen-Anwendungen gilt: Keinem der Inhaltstoffe kann man allein die Wirkung zusprechen, das Zusammenspiel aller ist maßgebend. Nachgewiesene Substanzen sind Procyanidine und Flavonoide.

Geerntet werden Blüten und junge Blätter im Mai und Juni an unbedenklichen Standorten. Sie müssen rasch und luftig, geschützt vor Sonne, getrocknet werden, am besten in dünner Schicht in Kisten. In gut schließenden Gefäßen aufbewahrt sind sie etwa ein Jahr haltbar. Die roten Apfelfrüchte werden im reifen Zustand ab September geerntet und ebenfalls schnell getrocknet, da sie leicht schimmeln, zum Beispiel bei niedriger Temperatur im Backofen bei geöffneter Tür. Auch sie sind hilfreich bei Herzbeschwerden und erschöpftem Altersherz.

Weißdorn-Tee

Zutaten:

2 Teelöffel Weißdornblüten oder Blüten und Blätter zu gleichen Teilen · 1/4 l Wasser

Zubereitung:

Weißdornblüten mit Wasser übergießen und etwa zehn Minuten ziehen lassen.
Sie sollten zwei- bis dreimal täglich eine Tasse trinken. Sie können den Tee mit Honig, der
auch als herzstärkend gilt, nach Geschmack süßen.

Weißdorn-Apfel-Mus

Zutaten:

300 g frische Weißdornfrüchte · 300 g Äpfel · Wasser · Honig

Zubereitung:

Weißdornfrüchte verlesen, waschen, trocken tupfen. Die
Äpfel waschen, schälen, Kernhaus entfernen und in Stücke
schneiden. Die Weißdornfrüchte und Apfelstücke mit Wasser bedecken und weich kochen. Die Masse durch ein Sieb
streichen, die Kerne müssen zurück bleiben. Das Mus
nach Geschmack mit Honig und Ingwer würzen. Auf-
kochen, heiß in Gläser füllen und verschließen. Es schmeckt
gut zu gebratenem Fleisch, Sauerbraten, Wild oder Kartoffelpuffer.

Weißdorn-Apfelmus kann man auch mit Brombeeren
oder Holunderbeeren zu gleichen Teilen ansetzen und mit
Zimt, Vanille oder Kardamom nach Geschmack würzen.

Orleans Reinette

Kräuter, Kunst und Himmelsaugen
Auf Kräutertour im Lassaner Winkel

D er hohe Himmel spiegelt sich in den stillen Söllen. Baumumstandene eiszeitliche Wasserlöcher, märchenhaft schön wie Himmelsaugen, verzaubern die sanfte Moränenlandschaft des Lassaner Winkels. Schaut man über Peenestrom und Achterwasser, sieht man die Insel Usedom am Horizont. Hier in der Abgeschiedenheit haben sich Menschen angesiedelt, die die Region mit ihren bunten Initiativen »Kräuter, Kunst und Himmelsaugen« beleben und alljährlich mit Holundermarkt, Gartenfest oder Kürbistagen bereichern.

In der Gegend um das Hafenstädtchen Lassan, in den Dörfern Pulow, Papendorf und anderswo, spinnen Frauen und Männer an feinen Netzwerken. Kleine Oasen setzen Zeichen im Lassaner Winkel, der von Abwanderung und hoher Arbeitslosigkeit gezeichnet ist.

In Lassan lädt die »Ackerbürgerei« mit regionalen Produkten zum Verweilen ein. Ein Weg führt in den malerischen Duft- und Tastgarten des Mirabell e.V. in Papendorf. Im nächsten Dorf, in Pulow, produziert die Genossenschaft »Kräutergarten Pommerland« Kräutertees aus biologischem Anbau. »Kräuterwochenenden im Lassaner Winkel« ist ein Gemeinschaftsprojekt der »Ackerbürgerei«, des Duft- und Tastgartens und der »Kräutergarten Pommerland« eG. Die Endmoränenlandschaft ist ein Refugium für Wildkräuter mit alten Heilpflanzen- und Küchentraditionen. An den Rändern der Sölle und des Boddens gedeihen Engelwurz und Beinwell, auf den Wiesen wächst Sauerampfer und Wiesenbärenklau, an den Wegrändern Schafgarbe, Klette, Ochsenzunge und Natternkopf.

Himmelsaugen im Lassaner Winkel

Von »Ackerbürgerei« und wilder Kost

Angelika Mengelkamp

Angelika Mengelkamp betreibt mit ihrem Mann zusammen seit 1998 die »Ackerbürgerei« in Lassan und kocht für ihre Gäste. Sie ist 1993 aus Essen nach Lassan gezogen, »um das Landleben auszuprobieren«, nachdem sie in der Stadt nach dem Studium zehn Jahre lang in einer genossenschaftlich organisierten Druckerei gearbeitet hat. Die »Ackerbürgerei« ist ihre kleine Pension mit Küchenkräutern, Salaten und Blumen im Garten, Hängebauchschwein, Schildkröten und Ziegen. Angelika Mengelkamp experimentiert gerne mit Kräutern und Beeren in der Küche. Begehrt sind ihre »Vegetarische Flunder«, ihr Wildkräuterspinat und ihr Vollkornbrot. »Kräuter in der Küche sind wieder im Kommen, aber in der Kombination mit Vollwerternährung sind sie mehr als Gewürz oder Beigabe.«

Vegetarische Flunder mit Holunder-Chutney

Zutaten: 8 Beinwellblätter · etwas Mozarella · Sesamkörner · Saft einer halben Zitrone
Für den Teig: 3 Eier · 1 Schluck kohlensäurehaltiges Mineralwasser · 4 Esslöffel Hirsemehl
· 1 Prise Salz

Zubereitung: Rühren Sie aus den Zutaten einen glatten Teig, durch den man zwei Blätter ziehen kann. Nehmen Sie zwei saubere, nicht gewaschene junge Beinwell-Blätter. In die Mitte geben Sie etwas Mozarella und klappen anschließend die beiden Blätter aufeinander (das funktioniert wie ein Klettverschluss). Die Tasche durch den Eierkuchenteig ziehen und in Öl ausbacken. Zum Schluss streuen Sie Sesamkörner darüber und beträufeln das Ganze mit etwas Zitronensaft.

Dazu empfehlen wir: Holunder-Chutney

Zutaten: 200 g Holunderbeeren (evtl. auch kleine Wildäpfelchen oder Birnen) · 50 ml Balsamico-Essig · 100 g Rohrzucker · 16 gehackte Mandeln · 3 Esslöffel Rosinen · 3 cm lange Ingwerwurzel, frisch gerieben · je 1/2 Teelöffel Chili, Salz · je 1 Prise Nelken, Zimt, Kardamom · 2 Teelöffel Brennnesselfrüchte

Zubereitung: Alle Zutaten zu einer Konfitüre dick einkochen und warm servieren oder zum Aufbewahren heiß in Gläser füllen und gleich verschließen.

Simone Schaefer

Simone Schaefer ist Kräuterfachfrau aus Passion. Gemeinsam mit Angelika Mengelkamp bietet sie Wildkräuterkochkurse an. »Die Menschen waren immer schon von der Verschiedenheit der Pflanzen fasziniert«, sagt sie. Vor über 20 Jahren begann ihre autodidaktische Annährung an die Welt der Heil- und Küchenkräuter, für sie »Volksmedizin, die wir täglich mit Füßen treten«. Die Alten- und Krankenpflegerin arbeitet heute in Lassan in der Praxisgemeinschaft »Calla« als Selbstheilungsberaterin. Dort möchte sie die Menschen für den Zusammenhang zwischen dem eigenen Leben und Krankheit, Gesundheit und Heilung sensibilisieren. Simone Schaefer führt die Kursteilnehmer/innen der »Wilde Kost-Kurse« auf Wildkräuterwanderungen durch das Peenetal, auch durch den Duft- und Tastgarten in Papendorf. Das Kräuterwissen ist für sie altes Frauenwissen für Küche und Gesundheit. Die weisen Frauen von einst haben die Pflanze angesehen und ihre Heilwirkung auch nach deren Farbe und Form bestimmt. »In Afrika singen die Frauen beim Kochen, geben ihre Wünsche, Gedanken mit in das Essen«, sagt die Kräuterfrau und fügt hinzu: »Auch wir sollten wieder lernen, darüber nachzudenken, was wir essen und wie das Essen uns beeinflusst. Wir können noch so viele Nahrungsergänzungspräparate zu uns nehmen, sie werden eine andere Wirkung haben als frisch geerntete Pflanzen aus der eigenen Umgebung. Denn sie wirken isoliert und können vom Körper nur begrenzt oder gar nicht aufgenommen werden. Welche großartige Kombination von Wirkstoffen steckt dagegen in einem einfachen Löwenzahnblatt.«

Gemeiner Beinwell *(Symphytum officinalis)*

Bienenkraut, Eselohrwurzel, Hasenlaub, Honigblume, Wallwurz, Soldatenwürze, Schmerz-wurz, Himmelsbrot, Beinbrechwell

Beinwell gehört zu den Rauhblattgewächsen, es ist die große Schwester des Borretsch. Beinwell ist eine alte Heilpflanze, sein Gebiet sind Knochen, Sehnen, Muskeln, Bänder. Der Name kommt von Gebein und Wallen = Zusammenwachsen, »Gebrochenes wird wieder ganz«.

Beinwell kommt in ganz Europa an Wegrändern, Bachufern und auf feuchten Wiesen vor. Die widerstandsfähige bis zu ein Meter hohe dekorative, mehrjährige Pflanze mit den rotvioletten bis gelblich-weißen Blütenglöckchen ist in Küche und Volksmedizin vielfältig verwendbar. Hildegard von Bingen beschrieb sie unter dem Namen Consolida (lat. consolidarea = Hilfe beim Zusammenfügen). Der römische Militärarzt Glaucus heilte mit Wurzelbreiauflagen Knochenbrüche und Quetschungen. Die Blätter sind reich an Vitamin A, C, B_{12}, an Flavoniden und Gerbstoffen. Ihr hoher Eiweißgehalt ist mit dem tierischen Eiweiß vergleichbar. Sie wirken als Tee gegen Bronchialleiden, Durchfall und Magenbeschwerden, helfen als Umschläge oder Salbe bei Knochenbrüchen und Beingeschwüren. Ebenso wie die dicken, fleischigen Wurzeln, die Pflanzenschleime, Gerbstoffe und Aspargan enthalten.

Das im Beinwell enthaltene Protein Allantoin, das die Zellteilung fördert, ist entscheidend für die Wundheilung, denn es verwandelt das alte, schwer heilende Gewebe in neues. Haben Tiere stumpfes Fell, werden klein geschnittene Beinwellblätter unter das Futter gemischt. Beinwelljauche liefert guten natürlichen Stickstoffdünger. Die Blätter eignen sich zum Mulchen, vor allem für Tomaten, denn die beiden Pflanzen »mögen« sich. In der Küche verwendet man junge Beinwellblätter im Frühjahr und Sommer als Spinat. Die Blattstängel kann man wie Spargel anrichten. Vor Verzehr in großen Mengen wird allerdings abgeraten, da die Pflanze ein Lebergift enthält.

Von Drachenkopf, Hollerblüh und Melinza

Die Genossenschaft Kräutergarten Pommerland

‎—‎

Seit dem Jahre 1999 lebt und arbeitet in Pulow eine Gruppe von Menschen miteinander. Auf den etwa drei Hektar großen Kräuterfeldern der Genossenschaft wachsen Drachenkopf und Apfelminze, Goldmelisse und Zitronenthymian, Malven und Kornblumen und manch anderlei Blüten und Kräuter. Der Acker wird nach ökologischen Prinzipien bearbeitet, nur mit Hilfe von Pferdestärken und einem Traktor. Die Blüten werden sorgsam in Handarbeit geerntet. Viele Hände sind dazu im Sommer gefragt: Praktikanten, Auszubildende und FÖJler (Freiwilliges Ökologisches Jahr) helfen, und manch Einheimischer aus einer strukturschwachen Region findet hier vielleicht Arbeit und neue Lebenswege.

Die Trocknung der handverlesenen Blüten und der Kräuter erfolgt sanft und schonend mit einer Luftentfeuchtungsanlage. Dabei bleiben Wirkstoffe und Farben erntefrisch erhalten: das leuchtende Orange der Ringelblumen, das strahlende Kornblumenblau, das warme Sonnenblumengelb und das kräftige Grün der Kräuterblätter. Wildkräuter wie Holunder, Johanniskraut und Schafgarbe werden im Sommer in ausgewählten Gebieten mit Unterstützung vieler Freiwilliger geerntet. Die duftenden natürlichen Rohstoffe verwandeln fleißige Hände und kreative Köpfe in biologische Kräutertees mit wohlklingenden Namen wie »Reines Kraut« mit

Christiane Wilkening gründete mit Freunden die Kräuterinitiative im Lassaner Winkel

Holunderblüten werden zu »Hollerblüh«-Sirup veredelt

Zitronenverbene, Drachenkopf und Apfelminze, der größten aller Minzen mit lavendelfarbenen Blüten. »Allegro« mit Zitronenthymian und Schafgarbe, Schachtelhalm, Ysop und Löwenzahn wirkt durch etwas Zusatz von Mate mit seinem rauchigen Geschmack anregend, ohne aufzuregen. Einer der »Jahreszeitentees« ist »Winterzauber«, wie alle Tees nach eigenen Rezepturen gemischt und großblättrig von Hand verpackt. Zu seinen Bestandteilen gehören fein komponierte nördliche und südliche Kräuter und Früchte, lichtenergie- und wärmebringend zugleich, wie Sanddorn und Orangenschalen, Ysop und Anis, Sonnenblumenblüten und Rosmarin.

Weitere köstliche Kräuterprodukte sind »Melinza« und »Hollerblüh«, fruchtige Sirupe – mit Melisse und Pfefferminze der eine, mit Holunderblüten aus Wildsammlung der andere. Sie beleben und erfrischen als sommerliche Getränke mit Sekt oder Mineralwasser; im Winter mit heißem Tee wärmen sie wohltuend.

Fünf »weise Frauen« stehen mittlerweile für das Unternehmen »Kräutergarten Pommerland«: Christiane Icke, Gartenbauingenieurin, und Elke Sadewater, die aus der Gegend stammt und beim Aufbau der Genossenschaft von Anfang an mithalf, kümmern sich vor allem um den Anbau der Kräuter. Anita Grüebler, gebürtige Schweizerin, ist zuständig für die Teeentwicklung und Teeproduktion. Christiane Wilkening, einst Lehrerin für Migrantinnen in der Großstadt, die mit Freunden im benachbarten Klein Jasedow die Kräuter-Initiative im Lassaner Winkel aus der Taufe hob, übernahm bei »Kräutergarten Pommerland« die Öffentlichkeitsarbeit und den Vertrieb. Die jüngste der »weisen Frauen« ist Katharina Heimrath, die 2002 im Kräutergarten ihre biologisch-dynamische Gartenbauausbildung begann und jetzt sommers mit ihrem Pferd Merle die Felder pflügt und pflegt und winters die Teemischungen vorbereitet.

Große Brennnessel *(Urtica dioica)*

Hanfnessel, Nessel, Donnernessel, Saunessel, Senznettel, Tissel, Zingel

»Da setzt du dich in die Nesseln«, warnt das Sprichwort den allzu Wagemutigen. Innerlich sträuben sich dem Betroffenen dann sicher die Haare, ganz ähnlich wie auch die Brennnessel ihre zur Abwehr einsetzt.

Botanisch zählt sie zu den Brennnesselgewächsen. In Reih und Glied entsprießen aus unterirdischen Ausläufern die jungen, kantigen und gut bewehrten Pflanzen. Sie können sich zu einem dichten Wald vermehren, den keiner mehr durchdringen möchte. Bis zu anderthalb Meter kann die einzelne Pflanze hoch werden. Mit einem Übermaß an Stickstoff und anderen Nährstoffen kann sie gut umgehen, deswegen findet man sie oft in der Nähe des Menschen. Die Brennnessel ist nahezu auf der ganzen Welt verbreitet.

Naturheilkundlich wird besonders gern im Frühjahr die harntreibende, anregende und entschlackende Wirkung in Blasen- und Nierentees wie auch in Gicht- und Rheumatees oder für Fastenkuren genutzt. Die Wurzeln – im Herbst ausgegraben – wirken wassertreibend und sind dadurch ebenfalls hilfreich bei Rheuma. Aber auch die tonisierende Wirkung der Frühlingsblätter auf die Muskeln und Blutgefäße ist erwähnenswert. Zugleich soll die Brennnessel das Blut reinigen und neues bilden. Sie wird als Extrakt Haarwasser zugesetzt, um die Kopfhaut zu beleben. Schon im griechischen Altertum wurde sie für ihre Kraft gerühmt.

Ob Sie sich gegen Gicht, Hexenschuss und Rheuma mit frischen Trieben auspeitschen wollen, liegt natürlich ganz bei Ihnen. Durch ihren Reichtum an Mineralien und Vitaminen wirkt die Brennnessel nährend und kräftigend. Ein wahres Tonikum, um Blut- und Saftverlust auszugleichen. Und vielleicht sind so ein paar Stacheln auch ganz nützlich.

Von Franziskanern, Würtzkreytern und Poleiminze

Kräutergarten im Pommerschen Landesmuseum Greifswald

»Wenn du vollkommen sein willst, so gehe hin, verkaufe alles, gib den Erlös den Armen, dann komm und folge mir ...« (Matthäus 9,21) »Nehmt nichts mit auf den Weg, keine Tasche, kein Brot, es soll auch keiner zwei Röcke haben ...« (Lukas 9,3)

Schlichte Holzkastenbeete mit duftenden Kräutern hinterm Weidenflechtzaun erinnern an asketische mittelalterliche Klosterzeiten. Das Wort Kloster stammt von claustrum = eingeschlossen sein. Es bedeutet Abgeschiedenheit von der Welt und schließt die autarke Ernährung ein. Der Begründer des Franziskanerordens, der heilige Franziskus von Assisi (1182 - 1226), predigte Demut, strengen Gehorsam und kindlichen Glauben, äußerste Armut und eine innige Verbundenheit mit allen Geschöpfen, mit Wasser und Sonne, Tieren und Pflanzen. Die Franziskaner genossen in Greifswald hohes Ansehen, widmeten sich der Armen- und Krankenpflege und lehrten an der Universität. Ein Franziskaner-Priester hielt die Weihepredigt anlässlich der Gründung der Universität im Jahre 1456. Die umfangreiche Bibliothek des Klosters wird im Geistlichen Ministerium am Dom St. Nikolai aufbewahrt.

1262 schenkten Graf Jaczo II. von Gützkow

Historikerin Katrin Nagel bei einer Führung mit Kindern

und seine Gemahlin den Franziskaner-Brüdern ein Grundstück für eine Kloster-gründung. Bald darauf entstanden die ersten Gebäude des »Grauen Klosters« (der Name geht auf die grau-braune Ordenstracht zurück) und ein »Kohlgarten« zwischen Klosterbibliothek und Stadtmauer. 1491 vermachte Katharina Rubenow, die Frau des ermordeten Bürgermeisters dem Kloster einen »Baumgarten«. Die Anlage des Greifswalder Museumsgartens orientiert sich unter anderem am St. Gallener Klosterplan (um 830), der neben Baumgarten und Gemüsegarten auch einen medizinischen Heilkräutergarten ausweist. Der Kräutergarten war in Anlehnung an die biblische Zahlenmystik kreuzförmig viergeteilt. Der Klostergarten spiegelte religiöse, medizinische und auch ästhetische Vorstellungen des Mittelalters als Ort der inneren Einkehr wider. In das Randbeet gruppierten sich in langen Reihen nebeneinander liegend die Beete. »Ursprünglich wurden die Heilkräuterbeete in den Klostergärten vermutlich als Hochbeete angelegt, umgeben von einem luftdurchlässigen Flechtzaun«, erklärt Ur- und Frühgeschichtlerin Katrin Nagel. »Der erste Nachweis darüber datiert aus dem 9. Jahrhundert durch den Mönch Walahfried Strabo. Die Hochbeete erleichterten nicht nur die Gartenarbeit, sie sind durch ihre verschiedenen Schichten – Muttererde, Kompost, Rotte und Holz – in der Lage, Nährstoffe, Wärme und Wasser zu speichern. Sie sind sieben bis acht Jahre haltbar und bieten den mediterranen Kräutern durch ihre höheren Temperaturen zugleich einen gewissen Frostschutz.«

Im Pommerschen Landesmuseum ist ein kombinierter Heilpflanzen- und Gemüsegarten entstanden, der zugleich der museumspädagogischen Arbeit dient. Windgeschützt wächst Spalierobst, alte

Kräutergarten des Pommerschen Landesmuseums

Kräuterernte für das Restaurant »Le Croy«

Apfel- und Birnensorten, Wein rankt an alten Mauern. Eine poetische Weinlaube ist im Entstehen. Mittelalterliche Gemüsepflanzen kommen zu neuen Ehren wie Pastinake, Haferwurz, Gemüseampfer und die schon seit der jüngeren Bronzezeit kultivierte Ackerbohne, auch Puff- oder Saubohne genannt.

Als Besonderheit kommt ein kleiner Küchenkräutergarten für das benachbarte Gourmetrestaurant »Le Croy« hinzu. Einmal monatlich lädt Katrin Nagel zu Führungen durch den Museumsgarten ein. Dann geht es um Themen wie: »Würtzkreyter vüre salse« – Kräuter und Gewürze im Mittelalter oder »Der Klostergarten – Heilquelle der Mönche« und »Dost und Dill, kann die Hex' nicht, wie sie will.«

Die vielseitige junge Historikerin, die unter anderem auch Ur- und Frühgeschichte, Christliche Archäologie und Byzantinische Kunstgeschichte studierte, führt Färbeseminare durch, beschäftigt sich mit Volkstänzen und alten Textilverarbeitungstechniken wie der Nadelbindung und dem Sprang, einer Netztechnik. Darüber hinaus spielt sie Drehleier. Aus ihrem Kräuterwissen erzählt sie von der Minze, die sich gut für Kräuterbutter verwenden lässt, vom Baldrian, dessen Wurzeln Katzen lieben, und vom Wermut, der das Nervengift Thujon enthält. Aus diesem Kraut wurde die einstige Kultdroge Absinth hergestellt. Weinraute galt im Mittelalter als Abtreibungsmittel, Liebstöckel als Magenkraut. Die leicht giftige Poleiminze sollte hilfreich gegen Fieber sein, ebenso wie Salbei, der wie Wermut geringe Mengen Thujon enthält. Die Wurzeln des Seifenkrautes wurden im Mittelalter als mildes Waschmittel für Wolle, Seide und andere feine Gewebe verwendet.

In den Sommermonaten wird der Klostergarten vor allem von den Besuchern der museumspädagogischen Veranstaltungen genutzt. Sie können im Museumsgarten riechen, fühlen und ernten. Bräuche aus unterschiedlichen Zeiten werden lebendig.

*P*etersilie

Krause Petersilie (Petroselinum crispum), Glatte Petersilie (Petroselinum crispum var. Vulgare), Peterlein, Peterling, Bittersilche, Silk, Kräutel

»Petersilien, Suppenkraut, wächst in unserem Garten,
Jungfer Ännchen ist die Braut, kann nicht länger warten.«

Das alte Kinderlied werten Volkskundler als verschlüsselte Nachricht: Petersilie gehörte zu den als empfängnisverhütend geltenden Kräutertees, in der Zeit der Menstruation getrunken. Grundlage waren Gartenkräuter mit hohem Gehalt an ätherischen Ölen. Die würzig duftende Petersilie, deren ursprüngliche Heimat Südwest-Asien und das östliche Mittelmeergebiet ist, gilt nicht nur als eines der beliebtesten Küchenkräuter, sie hilft auch gegen Verdauungsbeschwerden und Menstruationsstörungen. Verwendet werden Wurzeln, reife Samen und das Kraut. Die Pflanze enthält ätherische Öle (auch Apiol), Vitamin C, Eisen, Kalzium und Magnesium.

Schon der griechische Arzt Hippokrates von Kos (460 - 370 v. Chr.) wies auf die Petersilie als harntreibendes Mittel hin und auch dem in Rom wirkenden Griechen Dioscurides (1. Jh. n. Chr.) war sie nicht unbekannt. Die heilkundige Äbtissin Hildegard von Bingen (1098 - 1179) beschrieb die Verwendung von Petersilie gegen leichtes Fieber, Herz- und Milzbeschwerden, Magenleiden und Gicht.

Zwei Geschichten, die unterschiedlicher nicht sein könnten, erklären die lange Keimdauer der Petersilie. In der einen wird berichtet, dass das Peterlein erst nach Rom pilgern muss, um sich beim heiligen Petrus die Erlaubnis zum Aufgehen zu holen. Dazu braucht es dann sieben Wochen. Nach der anderen Mär geht die Petersilie neunmal zurück zum Teufel. Das kann nur verhindert werden, wenn man sie am Karfreitag aussät. An diesem Tag hat der Teufel keine Macht über die Petersilie.

In der Antike galt sie als ein Symbol für die Wiedergeburt, im Mittelalter sagte man ihr Geister und Hexen vertreibende Eigenschaften nach. Daher kam auch die Sitte, bei Hochzeiten Petersilie zu verräuchern. Sie sollte Unglück und böse Geister von den frisch Vermählten fern halten. Auch für Liebeszauber soll sie verwendet worden sein. Im 17. Jahrhundert wird sie als eine der Zutaten für die Flugsalben der Hexen genannt. In einigen Akten der Hexenprozesse wird der Name »Peterling« auch als Bezeichnung für den Teufel aufgeführt. In früheren Zeiten wandte man die Petersilie äußerlich gegen Krätzemilben und Kopfläuse an. Beim Essen von Pilzgerichten wurde die Pflanze als Giftindikator genutzt. Verfärbte sich die Petersilie, galt das als Zeichen für Giftpilze.

In einigen Städten Norddeutschlands gibt es Petersiliengassen. Damit oder mit ähnlichen Namen wurden Straßen mit Freudenhäusern bezeichnet. Dies deutet auf die frühere Verwendung der Samen als abortives Mittel hin, welche mitunter tödlich enden konnte. Das Sprichwort »Petersilie hilft dem Mann aufs Pferd, den Frauen unter die Erd« weist auf die aphrodisische Wirkung der Pflanze hin, zugleich auf die gefährliche Verwendung als Abtreibemittel.

Gartenkräuterschnaps

Zutaten: 0,75 l Wodka, Klarer oder Korn · 70 – 80 g Zucker · 2 – 3 Stängel frische Kräuter: Oregano · Thymian · Pfefferminze · Zitronenmelisse · Gundermann · Giersch · je eine Handvoll Blüten von Gänseblümchen · Löwenzahn

Zubereitung: Die Kräuter einmal mit Wasser durchspülen, um Sand und Staub zu entfernen. Vom Giersch nimmt man nur die ganz kleinen Blätter mit hellgrünem Glanz. Den Zucker, die Kräuter und die Blüten in eine 1-Liter-Flasche geben und mit Alkohol auffüllen. Man sollte darauf achten, dass alle Blätter und Blüten mit Alkohol bedeckt sind. Die Flasche nicht schütteln, der Zucker löst sich mit der Zeit. Wer es besonders süß mag, kann auch mehr Zucker hineingeben. An einem dunklen, kühlen Ort 6 – 8 Wochen ziehen lassen. Je länger die Blüten und Blätter im Alkohol ziehen, desto intensiver ist der Geschmack. Anwendung auf eigene Gefahr.

Der Dorfschullehrergarten anno 1888
Freilichtmuseum Schwerin-Mueß

»Erst, wenn jede Pflanze ihre Geschichte erzählt,
ist es im Garten nicht einsam.«
Mecklenburgische Volksweisheit

Die Idylle trügt. Was dem Museumsbesucher in Mueß heute als sorg-fältig gepflegte, blühende Landschaft mit Sortenvielfalt, Maulbeer- und Fliederhecke, Bienenschauer und edlen Rosen anmutet, das war einst bittere Notwendigkeit zum Überleben. Dorfschullehrer und Küster bekamen in Mecklenburg bis ins 19. Jahrhundert keine staatliche Besoldung. Sie lebten mit ihren Familien vom Schulgeld der Eltern, von Naturalienlieferungen der Gemeinde, von der Bewirtschaftung der Schulländereien und oft genug von einem Handwerk oder Lohnarbeit im Nebenerwerb. Der Lehrer hatte einen Kohlgarten und Kleinvieh am Haus, um zu überleben. Erst allmählich verbesserten sich durch verschiedene Besol-dungsregulative die Lebensverhältnisse der Dorfschullehrer. Ihnen stand ein Garten von 100 Quadratruten (eine mecklenburgische Quadratrute entspricht etwa 21 Qua-dratmetern) zu, hinzu kamen ab 1827 für Obstbäume 50 Quadratruten.

Die Garteninszenierung im Mecklenburgischen Volks-kundemuseum Schwerin-Mueß basiert auf einer histo-rischen Vorlage aus »Der praktische Ratgeber im Obst- und Gartenbau« aus dem Jahre 1888. Der Lehrer E. Gang aus Triptis skizziert hier geradezu idealtypisch seine Vorstellungen von einem per-fekten Schulgarten. Die heu-

Niederdeutsches Hallenhaus, Mitte 17. Jahrhundert, im Freilichtmuseum

tige Bepflanzung in ihrer Vielfalt spiegelt das Sortenspektrum der damaligen Zeit wider.

Seit die Bauern mit der Vererbpachtung nach 1850 freie bäuerliche Produzenten wurden, war die Obrigkeit an wirtschaftlich star-

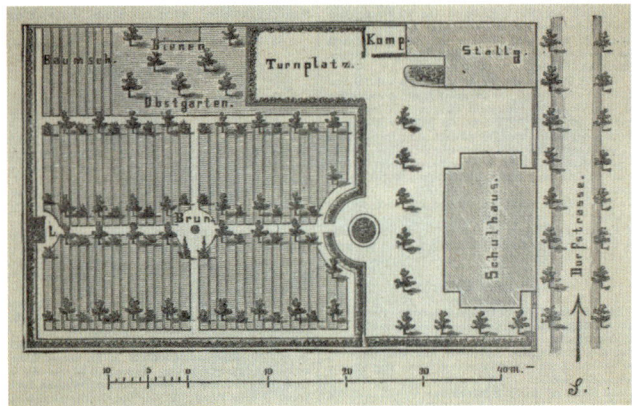

Der Schulgartenplan von E. Gang diente als Vorlage für den Dorfschullehrergarten

ken Bauernstellen interessiert. Der Lehrer wurde zum Vorstreiter einer amtlichen Gartenidee, die vom landesherrlichen Interesse an der Förderung des Obst- und Gemüseanbaus, von Honig und Seidenproduktion ausging.

Die kleine Obstbaumschule, die zum Lehrergarten gehörte, hatte ganz praktischen Nutzen für Bauern und Obrigkeit zugleich, erhielt doch jeder Konfirmand neben botanischen Unterweisungen zwei Bäumchen zum Einpflanzen auf dem elterlichen Hof.

Zwar hatte der Professor für Poesie an der Rostocker Universität Peter Lauremberg bereits zwischen 1627 und 1639 ein Pflanzentagebuch »Diarium botanicum« geführt, in dem er allein etwa 70 Küchenkräuter aufführte, die damals in Mecklenburg bekannt waren, er beschrieb Blumen und Zierpflanzen, Obstbäume und Sträucher. Aber er war ein Städter, auf dem Lande wurden bis ins 19. Jahrhundert hauptsächlich Grünkohl, Weißkohl, Rüben, Erbsen, gelegentlich Kartoffeln angebaut. Der Garten war eher ein ans Haus gerücktes Feld. Neben dem Gemüse wurden – wenn überhaupt – pflegeleichte, winterharte Blumenstauden angebaut, zunächst nur wegen ihrer Heilkräfte, sowie ein paar Kräuter wie Petersilie, Dill, Majoran und Thymian. Dill, fester Bestandteil der mecklenburgischen Kräuterküche zum Einlegen von Gurken und als Fischgewürz, hatte im Volksglauben magische Wirkung. Man steckte sich vor dem Kirchgang Dill in die Schuhe. Er sollte Schutz vor Hexen und Dämonen gewähren.

So spiegelte der Privatgarten des Dorfschullehrers mit seinen geradlinigen Beeten, der exakten Fruchtfolge, dem Rosenrondell, der schattigen Laube, der Anwen-

Dorfschullehrergarten mit Baumschule und historischen Obstsorten

dung neuester Garten-bauerkenntnisse die Ideale der bürgerlichen Gesell-schaft mit ihren ange-strebten Tugenden Fleiß, Sparsamkeit, Sauberkeit und Ordnung wider.

Zum Mueßer Dorf-schullehrergartens gehört auch ein Kräutergarten. Poetisch an der Stein-Ter-rasse der Schulscheune – sonnig und geschützt – gedeihen hier prächtig far-benfreudige Duft- und Heilkräuter, Ysop und Pfefferminze, Liebstöckel und Eberraute, Salbei und Rosmarin, Herzgespann und Heiligenkraut, Estragon und Tripmadam, ein Dickblattgewächs, das auch als fette Henne oder Mauerpfeffer be-kannt ist. Thymian (Timmerjahn) wurde neben Majoran in Mecklenburg sehr ge-schätzt, kam »twischen de Greeben (Schmalz) und de Grüttwurst«, wurde sogar ge-raucht. »Witten Timmerjahn würd in de Sünn drögt und denn … smöökt.« Wer-mut, Wörmt, sollte am Johannistag gepflückt werden, man ließ ihn in »Brammwien« (Branntwein) in der Sonne ausziehen und trank ihn als morgendlichen Gesund-heitsschnaps. Von der Ringelblume, auch Goldblom oder Gähl-Gölling genannt, konnte man das Wetter erfahren: Öffneten die Blüten sich morgens nicht, gab es Re-gen.

Spaziert man vom Lehrergarten auf den Wegen entlang der weiß leuchtenden al-ten Rohrdachkaten zum Lehmbackofen, findet man dort eine Pflanzensammlung mit vergessenen Nutzpflanzen dörflicher Gärten und Ruderalen, einstigen Pionier- und Wildpflanzen, die früher gesammelt und genutzt wurden. Dort wächst der Oder-menning, das Adermönkenkraut, bekannt als eines der neun Kräuter des Hexenwas-sers, neben dem riesigen Alant, hilfreich als Hustentee und gegen Maden.

Der Apfel (Malus domestica)

Der Wilde Holzapfel (Malus sylvestris), die Urform unserer heutigen Kulturapfelsorten, ist vermutlich in Kaukasien beheimatet. Die Römer brachten es zur hohen Kunst der Apfelveredlung wie auch später die Klostergärten. Der mystische Apfel aus der Familie der Rosengewächse galt als Symbol für Fruchtbarkeit, Macht und Reichtum, aber auch der Verführung und Sünde, war Liebes- und Weissage-Orakel. Bei den Kelten und Germanen symbolisierte der Apfelbaum die Verbindung zwischen Himmel und Erde. Die Apfelinsel Avalon gilt in der keltischen Kultur als Paradies auf Erden.

Die Goldmarie pflückte Äpfel im Garten der Frau Holle. Woher rührt der jahrtausende alter Zauber der Königin der Früchte?

Der Apfel steht für Erotik und Schönheit, auch für den Hass, immer vereint er zwei Seiten. Der vergiftete Apfel im Märchen, der Schneewittchen töten sollte, zeigt die verführerische Macht der köstlichen Frucht ebenso wie der Paradiesapfel im Garten Eden. Wobei die biblische »Frucht« der Erkenntnis nicht eindeutig der Apfel war, deutbar wären auch eine Quitte oder eine Feige. Mystisch ist der Apfel schon: Schneidet man ihn horizontal in zwei Hälften, erkennt man in seiner Mitte ein Pentagramm – die Gestalt eines Menschen.

Seine Gaben sind Pektin, Zellulose (Ballaststoffe), Kalium, Kalzium, Eisen, Jod, Zink, Vitamine, vor allem Vitamin C, und viele andere Nährstoffe. Der größte Teil der Vitamine befindet sich in der Schale, die man bei einheimischen Äpfeln immer mitessen sollte – Äpfel aus Deutschland dürfen nicht gewachst werden.

Seine kulinarische Vielfalt ist unschlagbar. Ob frisch vom Baum, als duftender Bratapfel im Winter, als saftiger Kuchen, Apfelmus, getrocknet als Apfelringe, Saft, Wein – der Apfel ist ein vielseitiger Ernährungskünstler. Zugleich ist er eine köstliche Medizin: Er regelt die Verdauung, beugt Eisenmangel vor, ist stärkend und blutbildend. Ein Teeaufguss aus Fruchtschalen wirkt fiebersenkend. Zudem ist die saftige

Frucht ein wirksamer Zahnputzhelfer. Rohe ungeschälte geriebene Äpfel sind gut bei Durchfall – sie können Giftstoffe im Darm binden. Süße Äpfel sollen sogar die Intelligenz fördern. Friedrich Schiller ließ sich vom Geruch angefaulter Äpfel in seiner Schreibtischschublade inspirieren. Äußerlich hilfreich sind Äpfel bei Hautausschlägen und Akne, gerieben werden sie als reinigende Gesichtsmaske verwandt.

Falscher Apfelstrudel

Zutaten:
3 Eigelb · 2 – 3 Eierschalen voll Milch oder Wasser · 300 g Mehl · 1 Prise Salz · 1 kg Äpfel · 400 g Zucker · 100 g Rosinen · ca. 150 g Butter · je 4 Esslöffel geriebene Mandeln/gerösteter Zwieback · 1 l lieblicher Landwein

Zubereitung:
Sieben Sie Mehl und Salz auf ein Backblech. Machen Sie in die Mitte eine Grube und geben Sie die Eigelbe hinein. Darauf verteilen Sie die Butter und die Milch. Alles mit der Schneide eines kräftigen Messers verhacken, dann kräftig mit den Händen kneten (etwa 10 Minuten). Der Teig darf nicht mehr kleben. Den Teig in 3 – 4 Portionen teilen und ganz dünn ausrollen,

Mecklenburger Spezialität: Äpfel im Schlafrock und falscher Apfelstrudel

Teigplatten leicht antrocknen lassen. Die Äpfel werden geschält, in feine Streifen geschnitten, mit Zucker gewürzt und mit den eingeweichten Rosinen vermischt. Die Teigplatten werden mit Butter bestrichen, auf jede Platte wird je 1 Esslöffel geriebene Mandeln und gerösteter Zwieback verteilt, darauf die vorbereitete Apfelfülle. Die Teigplatten werden zusammengerollt, in 3 - 4 Stücke geschnitten, in eine gefettete hohe Backform geschichtet und mit soviel gesüßtem, heißem Kochwein übergossen, dass die Teigrollen fast bedeckt sind. Obenauf Butterflöckchen verteilen. 1 Stunde im Backofen (160° Celcius Ober- und Unterhitze) backen, die Oberfläche muss knusprig braun werden. Anschließend dick mit Puder-

Eine Ode an die Kultur des Gartens
Schlossgärtnerei Wiligrad

Malven verströmen ihre Farbenpracht an alten Mauern. Zarte Rankenblüten klettern poetisch am Backstein entlang. Aus einem der nostalgischen Glashäuser streben gold leuchtende Sonnenblumen ans Licht. Eine heitere südliche Stimmung liegt über dem Garten. Poesie der Verwandlung. Schon Erneuertes neben Verwittertem. Sichtbare Spuren der fürstlichen Entstehungszeit vor über 100 Jahren verweben sich mit heutiger Nutzung. Eines der historischen Gewächshäuser wurde 1896 als Weinhaus angelegt. Dort laden bald kleine Lesungen oder Musikabende zur Erbauung. Die historische Schlossgärtnerei in einem Ortsteil von Lübstorf nahe Schwerin versteht sich heute als Küchen- und Wohlfühlgarten. Sternförmig führen die Beete in die Mitte zu einer dreistöckigen Pyramide. Blickpunkt sind samtige schwarze Stockrosen, vereint mit Rittersporn, Estragon und manch anderen Blaublühern als Hommage an Bienen und Schmetterlinge.

Der Schlossgärtner Günter Lenz, der den Kräuteranbau seit 2002 hier betreibt, liebt mediterranes Flair, lässt sich auch von asiatischer Gartenbaukunst inspirieren. Mittelpunkte will er schaffen mit Wasserspielen, vielleicht einer Vogeltränke. Ursprünglich plante er die Gartenanlage gar als Sonnenuhr.

Auf den Beeten wächst Knoblauch zwischen Erdbeeren gegen Braunfäule und Schnecken, Kresse ist großflächig gegen Bodenerosion ausgesät, beim Pflücksalat blühen Kornblumen. Mischkulturen mit Ringelblumen

Schlossgärtner Günter Lenz

und Tagetes wehren Nematoden ab, Rosen und Lavendel mögen sich, Päonien füllen unbepflanzte Lücken, Pferdemist düngt den Boden, Pflanzenjauche wehrt Schädlinge ab. Der Gärtner sollte die guten Eigenschaften der Pflanzen

Kräuterschau in Wiligrad

kennen und den natürlichen Gartenkreislauf klug nutzen, meint Günter Lenz. Er mulcht nach dem Vorbild von Kurt Kretschmann, dem »Weltwissenden« und Nestor des Naturschutzes in der DDR. Eine gesunde Anbauweise erzeugt natürliche Produkte für die gesunde Ernährung, ist seine Philosophie.

Die Anlage der historischen Schlossgärtnerei um 1896 - 98, zeitgleich mit dem Schloss und seinen anderen Funktionsgebäuden wie Heizhaus, Marstall mit Remise und Kutschenmanufaktur, zeugt von der Weitsicht ihres Bauherren. Der aufgeklärte mecklenburgische Herzog Johann Albrecht, zum einen Chef der deutschen Kolonialgesellschaft, zum anderen Doktor der technischen Wissenschaften, strebte die Eigenversorgung mit Obst und Gemüse an. Klug angelegt wuchsen Pfirsichbäume im Schutz der Einfriedungs-Mauer, spät blühende Apfelsorten wie Boskop, Altländer Pfannkuchen, Kaiser-Wilhelm-Apfel (frühe wären erfroren, vom Schweriner See her kam kalter Wind). Unter Glas wurden schon damals Tomaten angebaut, der Herzog ließ Walderde anmischen und Frühbeetkästen bauen. Unterhalb der Elisabethquelle befindet sich das historische Pumpenhaus, von hieraus wurde das Seewasser hoch zum Schloss befördert, um Schlossgarten und Gärtnerei zu bewässern.

Günter Lenz möchte die Erfahrungen seiner großen Vorgänger nutzen, die für den Herzog und den Schweriner Hofstaat erfolgreich gärtnerten. In der Zauberküche hinterm Hofladen wird Jahreszeitenküche zelebriert. Der Familienbetrieb strebt Direktvermarktung an. Zum einen mit dem Verkauf von Pflanzen des Gartens, zum anderen mit vielseitig veredelten Gartenprodukten wie Wiligrader Stachelbeertorte,

Apfeltorte mit Schokominze, Tee aus dem Garten, Quitten- und Apfelgelee mit Schokominze, Löwenzahnhonig, bis zu Apfel- und Birnensaft aus der Schlossgärtnerei. Statt Salz wird mit Kräutern gewürzt. Der universelle, in Vergessenheit geratene Ysop harmoniert hervorragend mit Fisch und Lamm. Minze gibt dem Braten eine pikante Note. Günter Lenz hat ein Faible für die robuste Minze, die beinahe auf dem ganzen Globus gedeiht. Etwa 50 Minzesorten wachsen in Wiligrad, darunter Russische Minze, Apfelminze, Marokkanische Minze, Krause Minze und wie sie alle heißen. Freitags und zu besonderen Festen wie dem »Apfelfest« im Oktober oder »Kunst offen« zu Pfingsten gemeinsam mit dem Wiligrader Kunstverein wird Brot im Steinbackofen gebacken. Das Café lädt bei schönem Wetter an stillen Plätzen auf der Wiese unter alten Obstbäumen ein. Die Schafe auf der Streuobstwiese begrüßen die Besucher. Ein Sinnenpfad lädt zum Entdecken ein. Im angrenzenden historischen Landschaftspark des Schlosses wachsen exotische Bäume und Gehölze wie chinesische Kopfweiden, kanadische Kegeleichen und Douglasien.

Ein Naturrefugium ist Wiligrad ohnehin, nicht nur für Rotbauchunke und Ringelnatter.

Von Ostern bis Oktober ist die Schlossgärtnerei täglich geöffnet.

Blick auf den Schlossgarten

Breitblattkresse *(Lepidium latifolium)*

Gartenkresse, Pfefferkraut, Armer Leute Pfeffer, Fleischkraut, Meerrettichkraut, Römische Kresse

Die ausdauernde Breitblättrige Kresse ist ein Gewürz des Mittelalters mit einem typisch pfeffrigen Geschmack. Die äußerst robuste Pflanze ist zu Unrecht etwas in Vergessenheit geraten. Sie wurde im Mittelalter in der Arme-Leute-Küche als Pfeffer- und Salz-Ersatz verwendet. Heimisch ist sie in Nordwesteuropa. Hat man sie erst einmal im Garten, ist sie dankbar und bleibt. Sie kann bis zu einem Meter hoch werden. Da sie Erdflöhe anzieht, eignet sie sich für Mischkulturen mit Mohrrüben und Radieschen. In der Küche werden die frischen Blätter mit meerrettichartigem Geschmack verwendet.

Für den Gärtner ist sie ein Indikator für den Verrottungsgrad von Kompost. Gedeiht sie auf einem Komposthaufen, ist der Kompost gut verrottet.

Ihren Namen hat die Kresse, von der es vielfältige Arten gibt, vom altdeutschen Wort »chesso« (scharf). Der würzige Geschmack entsteht durch ihren Gehalt an Bitterstoffen und Senfglykosiden. Daneben enthält sie zahlreiche Vitamine und Mineralstoffe. Es heißt, in größeren Mengen genossen hilft sie gegen Kopf- und Zahnschmerzen, fördert die Produktion von roten Blutkörperchen und stärkt das Herz.

»Ach du grüne Neune«
Arme-Leute-Frühjahrssuppe

Den Germanisten und Sprachwissenschaftlern zufolge entstand der Ausruf »Ach du grüne Neune!« im allgemeinen Sprachgebrauch erst nach dem 2. Weltkrieg. Vermutlich ist er auf eine Suppe zurückzuführen. In der Notzeit nach 1945 griffen viele Menschen wieder auf Mutter Natur zurück. Es heißt, eine Großmutter pries ihre selbst gesammelten grünen Frühlingskräuter den Enkeln als wohlschmeckend und gesund an. Sie bereitete eine Suppe, in Ermangelung weiterer Zutaten vermutlich nur mit Wasser und neunerlei Frühlingskräutern. Sie rief die hungrigen Kinder zum Essen. Als diese erwartungsvoll heranstürzten, den Deckel vom Suppentopf öffneten und die grünlich-bräunliche, fade, nicht allzu gut riechende Brühe sahen, riefen sie: »Ach du grüne Neune!«

Die grüne Suppe ist in zahlreichen Kulturen bekannt. Auf den kanarischen Inseln heißt sie »Caldo verde«.

Die Schlossgartenküche Wiligrad empfiehlt »Ach du grüne Neune« als vegetarische Vorspeise mit Kartoffeln sämig zu machen, je nach Geschmack mit etwas Sahne zu verfeinern und mit Gänseblümchen-Dekoration anzurichten. Die Kräuter werden je nach Jahreszeit verwendet.

Im Frühling: Giersch, Löwenzahn, Brennnessel, eine Kresse (eventuell Brunnenkresse), Schnittlauch, Veilchen, Gänseblümchen, Gundelrebe

Im Frühsommer lässt sich die Breitblattkresse verwenden, die wie Pfeffer und Salz würzt, dazu Sauerampfer und Melde.

Wer es nicht ganz vegetarisch mag, kann die Suppe auch mit Bockwurst servieren oder anderweitig variieren.

Von Prämonstratensern,
Capitulare und Hildegard-Pflanzen
Klostergarten St. Maria & Elisabeth in Rehna

»Die Seele ist wie der Wind,
der über die Kräuter streicht.«
nach Hildegard von Bingen

Das beschaulich schöne Städtchen Rehna liegt im Tal des Flüsschens Radegast und entstand an einem alten Handelsweg zwischen der Hansestadt Lübeck und der Residenzstadt Schwerin.

Der Mönch Frater Ernestus vom Kloster Ratzeburg gründete hier an einer slawischen Opferstätte 1230 das Nonnenkloster St. Maria und Elisabeth des Benediktinerordens.

1319 wird es erstmals als Frauenkloster des Prämonstratenserordens erwähnt. Die Prämonstratenser lebten nach der Ordensregel des Augustinos von Hippo (354 - 430) in Armut, Ehelosigkeit, geschwisterlicher Liebe und Gehorsam. Bis zur Reformation gehörte Rehna zu den bedeutendsten Klöstern in Mecklenburg. Davon zeugen die freigelegten spätgotischen Wand- und Gewölbemalereien, das romanische Rundbogenportal aus der Vorgängerzeit der Klosterkirche und der Schnitzaltar.

Karl der Große (747 - 814) legte nach dem Vorbild der italienischen Gartenbaukunst bereits in seiner »Capitulare de villis«, einer Verordnung über seine Krongüter und Reichs-

Elke Lenschow vom Klosterverein

höfe, eine Pflanzliste mit mehr als 70 Kräutern, Obstbäumen, Gemüse und anderen Nutzpflanzen fest. Seine Verordnung wurde auch bei der Anlage von Klostergärten aufgegriffen. Nach seiner Capitulare, dem St. Gallener Klosterplan und anderen historischen Quellen weihte im August 2004 der Klosterverein den Klostergarten St. Maria und Elisabeth zu Rehna ein. Der Verein möchte altes Pflanzenwissen bewahren und vor allem Schulkindern wieder in Erinnerung rufen. Auf 300 Quadratmeter Fläche gedeiht hier eine Vielfalt von Kräutern und Blumen. Eine Rundbank unterm schattigen Walnussbaum lädt zum Verweilen ein. War doch der Nutzgarten zu Klosterzeiten ein Ort der Meditation, des Friedens, der Schönheit und Symbolik.

Herzstück des von Buchsbaum gesäumten Gartens ist ein Rondell mit einem Apfelbaum, symbolisch für den Garten Eden. Zu den Themenbeeten gehören Bibelgarten, Heilpflanzengarten, Duftgarten und Blütengarten mit je drei Beeten. Im Bibelgarten wachsen Symbolpflanzen der Kirchengeschichte, die Heiligen wie Maria zugeordnet werden, darunter Frauenmantel, Königskerze, weiße Rose und die Lilie als typische Marienpflanze. Der Blütengarten vereint Pflanzen des Bauerngartens wie Stockrosen und Lupinen, daneben ein gelbes Beet mit Johanniskraut, Alant, Mutterkraut und ein Blütenbeet mit Ringelblume, Salbei. Der Arznei- oder Heilpflan-

Sommerliche Blütenpracht im Klostergarten

Akelei – eine typische »Hildegard-Pflanze«

zengarten befand sich in den alten Gartenplänen immer in der Nähe des Spitals. Aus den Pflanzen der »lebenden Apotheke« wurden Elixiere, Heiltees und Tinkturen gewonnen. Der Klosterverein legte drei Themenbeete an: Ein Beet gegen Magen- und Darmkrankheiten mit Wildkräutern wie Beifuß und Wermut, eins gegen Erkältungskrankheiten mit Eibisch, Andorn und Indianernessel und ein »Stressbeet« mit Pflanzen wie Borretsch, Minze und Johanniskraut. Der Duftgarten lädt mit betörenden Aromen von Rose, Lavendel, Zitronenmelisse oder Eberraute zum sinnlichen Erleben ein.

Neben den vier Themenbeeten gibt es einen Küchenkräutergarten und ein Schattenbeet. Noch im Entstehen ist ein Hildegard von Bingen-Garten mit typischen Pflanzen, die die mittelalterliche Mystikerin und Naturärztin zum Heilen einsetzte. Die Benediktineräbtissin beschrieb in ihrer »Physica« das Wesen von etwa 500 Pflanzen, Tieren und Edelsteinen. In Rehna wachsen einige historisch belegte »Hildegard-Pflanzen«. Beginnend mit Akelei, von ihr als Tee bei Frauenleiden, Krebs und bösen Ausschlägen empfohlen, über Blutwurz, dessen Wurzeln sie bei Fieber in Wein und Honig kochte und Dinkel, den sie über alle Maßen lobte als bestes Getreide, durchblutend und fettend für die Nerven, Frohsinn schaffend bis zu Rainfarn gegen trockenen Husten und Schwertliliensalbe gegen unreine Stellen am Körper. Die Quitte, von der Hildegard sagte, dass sie der Schlauheit gleiche, die manchmal nützlich sei, manchmal nutzlos, hat einen Ehrenplatz. Die Äbtissin empfahl sie gekocht oder gebraten bei Gicht und gegen Geschwüre.

Klostergartenführungen: Von April bis Oktober jeden 1. Samstag im Monat 14.00 Uhr, ansonsten auf Anmeldung.

$\mathscr{D}$inkel *(Triticum spelta)*

»Der Dinkel ist das beste Getreide, und er ist warm und kräftig und milder als andere Getreidearten, und er bereitet dem, der es isst, rechtes Fleisch und rechtes Blut, und er macht frohen Sinn und Freude im Gemüt des Menschen. Und wie auch immer die Menschen ihn essen, sei es im Brot, sei es in anderen Speisen, er ist gut und mild.«
nach Hildegard von Bingen

Dinkel mit seinem aromatischen Nussgeschmack ist die Urform aller Getreidearten und zählt zu den wertvollsten. Er wurde bereits vor 5000 Jahren im Garten Eden zwischen Euphrat und Tigris angebaut.

Beim Dinkel sind die Spelzen mit dem Korn fest verbunden, darum unterscheidet er sich von anderen Arten. Was er an Ertrag zu wünschen übrig lässt, gleicht er durch seine natürliche Schädlingsresistenz und durch seine Wetterunempfindlichkeit aus. Dinkel enthält alle für das Leben notwendigen Stoffe, die der menschliche Körper zur Gesunderhaltung benötigt: Hochwertige Eiweiße, komplexe Kohlenhydrate, lebensnotwendige Mineralien, Vitamine und Spurenelemente.

Dinkel gilt als Helfer bei Störungen des Magen-Darm-Traktes und Knochenleiden. Er wirkt stimmungsaufhellend, ist leichter bekömmlich und löst keine Allergien aus. Die grünen jungen Dinkelkörner werden Grünkorn genannt.

Dinkelbrot –
Für mehr Lebensenergie

Zutaten:
1 kg Dinkelmehl · 3 gehäufte Teelöffel Salz · 3/4 l Wasser · 40 g Hefe

Zubereitung:
Vermengen Sie das Mehl in einer großen Schüssel mit Salz und geben Sie die in lauwarmer Milch aufgelöste Hefe dazu. Dann nach und nach das lauwarme Wasser dazufügen, alles zu einen Teig verrühren und gut durchkneten.

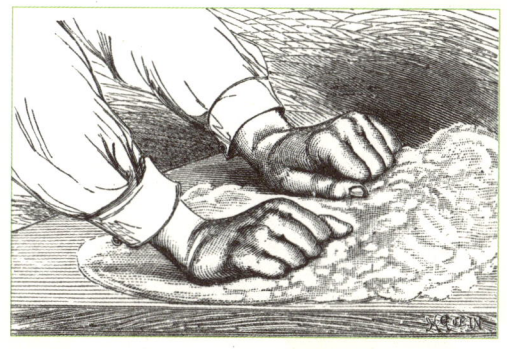

Den Teig unter einem Tuch an einem warmen Ort 1,5 Stunden gehen lassen. Teig noch einmal durchkneten und zu einem Laib Brot formen, anschließend in eine Form geben.
Lassen Sie den Teig nochmals 30 Minuten gehen. Anschließend die Oberfläche einritzen und mit Milch bestreichen. Im vorgeheizten Backofen (200 - 220° C) ca. 50 Minuten backen.

Von Aschwurz, Funkie und »Vier-Diebe-Essig«

Der Wangeliner Garten

*S*tille. Nur Schmetterlinge tanzen zwischen Blüten, Bienen summen, schillernde Libellen schwirren am Teich umher. Mecklenburg ist ohnehin paradiesisch, der Garten von Wangelin, umfriedet von Hainbuchhecken, mutet an wie Eden. Tritt man ein durch den Rosenbogen, ist man überwältigt von der Vielfalt an Düften, Blüten, Farben. Es ist nicht nur die Dimension des größten Kräutergarten Mecklenburgs mit etwa 900 Pflanzenarten auf 15.000 Quadratmetern, die den Besucher sprachlos macht. Es ist die Stimmigkeit der Anlage, die uns ahnen lässt, was uns die Routine des Alltags zu vergessen und zu verlieren droht. Der Wangeliner Kräutergarten in der Nähe von Plau am See gehört zum Verein FAL Ganzlin, der seit 1990 eine Vielzahl von »verwegenen Ideen« ins Leben gerufen hat: »Wunderfeld« – der Laden für regionale Produkte, das Lehmmuseum in Gnevsdorf oder »Ülepüle«, die Filzmanufaktur in Retzow.

Seit mehr als 10 Jahren leitet die Agraringenieurin für Tierproduktion Wera Bluhm den Wangeliner Garten. Sie hat sich autodidaktisch in die Welt der Kräuter gewagt, uralte Kräuterbücher gelesen und ist heute eine Fachfrau für Kräuterseminare und Führungen im Garten. Zugleich werden unter ihrer Leitung Produkte des Gartens ohne Chemie fürs ungewöhnliche Lehmcafé und für den kleinen Laden verarbeitet: »Kräuterich« – ein würziger Senf, Erdbeeren mit Bergminze, Pesto mit Walnüssen des Gartens, Salbei mit heimischem Rapsöl, Bohnenkrautessig, »Wilsener Zwerge« – Champignons

Wera Bluhm

im Kräutersud, »Apfeltau« mit Ananasminze, »Gutes Luischen« – ein köstlicher Birne-Quitten-Brotaufstrich.

Bei unserem Gang durch den Garten gibt es immer neue Geschichten. Im Bauerngarten mit Buchsbaumrabatten, Akelei und Rittersporn wurden die Pflanzen einst aus ganz praktischen Erwägungen – nach ihrem Nutzen fürs Essen – angebaut. So machten Kräuter mit ihren heute nachweislichen antibakteriellen Wirkungen Speisen haltbarer. Dahlienknollen sind essbar ebenso wie Tulpenzwiebeln, erklärt Wera Bluhm. Die Dahlie, die »Königin des Herbstes«, auch Georgie genannt, stammt aus Mexiko, wurde 1792 im botanischen Garten von Madrid erstmals in Europa angebaut.

Zu den historischen Nutzpflanzen im Wangeliner Garten gehören Lein, Felderbsen und Lupinen sowie Färberpflanzen wie Waid. Der betörende Duftpflanzengarten ist nicht nur für Insekten ein Paradies, auch unsere Seele labt sich daran. Wir gehen weiter zu den Zauberpflanzen. Eines dieser Naturwunder ist der Diptam oder Aschwurz, vermutlich der brennende Busch der Bibel. Die Pflanze kann sich an heißen Tagen durch ihren hohen Anteil an ätherischen Ölen selbst entzünden und brennt dann mit bläulicher Flamme.

Im »Capitulare de villis vel curtis imperi« wachsen heute vergessene Pflanzen, die Kaiser Karl der Große per Landgüterverordnung (Capitulare de villis) im Jahre 812 in seinem Reich anzusiedeln befahl. Darunter auch die Mispel, eine alte wohlschmeckende Obstsorte mit walnussgroßen Früchten.

Im Wangeliner Naturgarten mit Streuobstwiese, Gartenteich, Schattenstaudenrabatte finden Ruderale einen Ehrenplatz, Pflanzen, die auf nicht kultivierten Flecken wie Schutthalden wachsen. Hier »darf« die Natur sich frei entfalten.

Zu den essbaren Blumen gehört die Funkie, die »Edle im Schatten«, auch Herzlilie oder Stolze

Blick in den Bauerngarten

114

Dame genannt, 1812 nach einem kaiserlichen Leibarzt und Botaniker in Wien benannt, heute mit 50 Arten und 400 Sorten verbreitet.

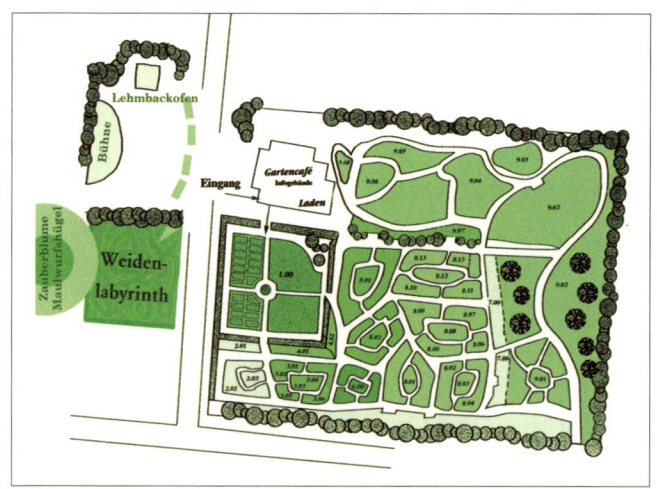

Gartenplan des Wangeliner Kräutergartens

Auf dem Küchenbeet wachsen exotische Kräuter wie Luisiana-Beifuß, Anisysop, italienische Rauke – der würzige wilde Rucola, Kümmelthymian oder Hirschhornwegerich. Küchentipps aus Wangelin: Knospen der Ringelblume lassen sich gut als Kapern einlegen, Brunnenkresse eignet sich als Pfefferersatz. Ein Suppenrezept des 17. Jahrhunderts nennt als Zutaten Thymian und Bier gegen Schüchternheit.

Ein großer Bereich des Gartens ist den Heilkräutern gewidmet. Beete, die 14 Volkskrankheiten wie Gicht und Rheuma, Herz und Kreislauf, thematisieren. Das »Unkraut« Quecke hilft bei Diabetes ebenso wie die Große Brennnessel, bei Augenbeschwerden heilen Weinraute, Ysop und Spitzwegerich. Meerrettich mit Honig ist hilfreich bei Husten. Ysop stärkt die Widerstandskraft. Im kräftigenden Thymian badeten einst römische Soldaten. Mit Thymianzweigen bestickte Tücher bekamen die Kreuzritter von ihren Damen mit auf ihren Weg ins Heilige Land.

Eine Zutat des »Vier-Diebe-Essig« war der Lavendel. Er bewahrte in der Pestzeit in Südfrankreich Räuber, die die Häuser der Toten plünderten, vor Ansteckung. Sie wurden festgenommen und es wurde ihnen Strafmilderung versprochen, wenn sie das Rezept verrieten.

Solche und viele andere Pflanzengeschichten vermitteln regelmäßige Kurse und thematische Führungen im Wangeliner Garten im Jahreslauf, daneben gibt es Pflanzenmärkte.

Und überhaupt: Der Wangeliner Garten beflügelt die Seele.

$\mathcal{S}$torchschnabel *(Geranium)*

Über 300 Arten ein-, zwei- oder mehrjähriger Storchschnäbel, davon einige immergrüne, kommen weltweit vor allem in den gemäßigten Klimazonen vor. Die langgestielten Blätter sind einigermaßen rund, jedoch mehr oder minder stark handförmig gelappt.

Sie bilden kleine, hübsche Büsche, mit rosafarbenen bis blauen oder violetten und weißen fünfblättrigen Blüten. Die Gattung Geranium wird wegen der Form ihrer Früchte auch Storchschnabel genannt.

Die bekanntesten europäischen Arten sind der Waldstorchschnabel (Geranium sylvaticum) und der Wiesenstorchschnabel (Geranium pratense), sie sind beide ausdauernde buschig wachsende Stauden. Sie werden zwischen 80 cm und 1 Meter hoch und blühen bläulich violett. Beide Arten wachsen im Wangeliner Garten.

Von allen Storchschnabelarten eignen sich die jungen Blätter für Salate und Gemüsegerichte. Die Blütenknospen und Blüten können ebenfalls zu Salaten und zu Spinat verwendet werden. Vor allem Wildkräutersalate können so farblich gestaltet werden.

Bei der Sammlung von Storchschnabelarten in der freien Natur ist darauf zu achten, dass keine Bestandsgefährdung erfolgt. Es müssen immer einige Pflanzen stehen bleiben bzw. nicht alle Blätter und Blüten abpflücken.

Wildkräutersalat
mit Storchschnabel

Zubereitung:

Die zarten Blattrosetten von Gänseblümchen und Hirtentäschel, die jungen Blätter von Giersch, Löwenzahn und Storchschnabel zu gleichen Teilen sammeln und gründlich säubern. Für eine Portion reicht eine Handvoll Kräuter.

Eine Marinade aus Öl, Essig oder Zitrone, Salz (bei Bedarf etwas Süße) anfertigen. Die Wildkräuter mit Blüten von Gänseblümchen bestreuen und die Marinade dazumischen. Der Salat lässt sich mit in der Pfanne gerösteten Sonnenblumenkernen verfeinern.

Hirtentäschel

Gänseblümchen

Giersch

Pflanzenbräuche im Jahreslauf

Von Fastenblumen, Blach Öster und grüner Suppe

Pflanzenbräuche im Frühling

---

2. Februar: Mariä Lichtmess, Candlemas

Im heidnischen Kalender galt Imbolc, die Nacht vom 1. zum 2. Februar, als Neige des Winters, als der eigentliche Frühlingsanfang. Mit Kerzen und Feuer wurde die wieder erstarkende Sonne begrüßt. Imbolc bedeutet »im Schoß« und ist das Versprechen auf den Frühling. In der Deutung der katholischen Kirche war der Tag das Fest der »Reinigung« Marias im Tempel mit einer Kerzenweihe. Im bäuerlichen Arbeitsjahr bedeutete Lichtmess als wichtiger Lostag das Ende der dunklen Wintertage, des Korndreschens und der abendlichen Spinnstuben sowie die Vorbereitung der Feldarbeiten.

Mitte Februar: Fastnacht

In der Fastnacht sollten Dämonen, die der erwachenden Natur Schaden zufügen konnten, mit lauten Umzügen und abschreckenden Verkleidungen vertrieben werden. Bei Heischegängen durch das Dorf wurde symbolisch der Winter ausgetrieben und der Frühling in Gestalt eines jungen, mit Kräutern und Efeukranz geschmückten Mädchens begrüßt. Die jungen Männer erschienen im Sonntagsstaat mit Immergrün am Hut oder einem Buchsbaumbouquet an der Jacke.

An Fastnacht säte die Bäuerin den ersten Salat. Aus dem Verlangen nach leiblichen Genüssen vor der Fastenzeit entstanden die Fastnachtsbräuche. »Carne vale« (ital.) = Fleisch, lebe wohl. Fasten ist eine uralte Erscheinung in allen Religionen. Der freiwillige Verzicht auf Alltagsfreuden diente der Selbsterfahrung. Am Fastlabend in Mecklenburg bekamen die hübschen Mädchen vom Schimmelreiter Äpfel und Nüsse geschenkt, die weniger schönen Peitschenhiebe. Typisches Essen waren Eierbier, Heißwecken und Grünkohl mit Schweinekopf.

Die Scilla, ein Zwiebelgewächs mit blauen, sternförmigen Blüten, die in der Fastenzeit vor Ostern blüht, wurde ebenso wie die Primel, das Veilchen und das Leberblümchen (auch Osterblume, »Blach Öster«, genannt) als Fastenblume bezeichnet.

14. Februar: Valentinstag

Seit dem Mittelalter Tag der Liebe und Freundschaft. Der Bischof Valentin gilt als Patron der Liebenden. In England wurden seit dem 17. Jahrhundert kleine selbst gemalte Grüße und Liebesgedichte, die »Valentines«, verschickt. An die vier Kissenzipfel hefteten die jungen Mädchen Lorbeerblätter, um vom Liebsten zu träumen.

21. März: Frühlingsanfang

Ein Frühlingskranz aus Haselnusszweigen und langstieligen Blumen wie Schneeglöckchen, Kuckucksblumen, Primeln und Schlüsselblumen hing früher das ganze Jahr im Haus – zur Erinnerung, dass wieder ein Frühling kommt. Der Kranz galt als Symbol der Ewigkeit.

Wer das erste Veilchen fand, war der Frühlingsherold. Das Blumenorakel galt als sicher: das erste gefundene Veilchen brachte Glück wie der Schornsteinfeger und ließ einen lang ersehnten Wunsch in Erfüllung gehen. Im Mittelalter hieß es, nur sittsame Mädchen dürften das wohlriechende Blümchen pflücken.

Die goldgelben, duftenden Huflattichblüten laden zum Ernten ein, sie werden als Tee getrocknet oder gleich frisch gebrüht. Der zarte Frühlings-Giersch gehört zum ersten Grün, er ist reich an Vitaminen und lässt sich zu Salaten oder Spinat verarbeiten.

Von den Marienblümchen (Gänseblümchen) sollte man die ersten drei Blüten mit dem Mund abpflücken, dann bewahrten sie nach einem Volksbrauch aus Vorpommern vor Fieber und Magenschmerzen. Man durfte sie auf keinen Fall mit den Händen berühren.

Schlüsselblume – der Tee aus ihren Blüten wirkt nervenstärkend

Sonntag vor Ostern: Palmsonntag

Am Palmsonntag begann die stille Karwoche. Bei mittelalterlichen Palmsonntagsumzügen wurden die Palmbüsche aus Buchsbaum, Haselnuss, Eiche, Stechpalme und Wacholder in feierlichen Prozessionen in den frisch gepflügten Acker als Segenssymbol gesteckt oder vor Haus und Garten aufgestellt. In Norddeutschland ersetzten mitunter auch Kätzchen der Salweide und Birkenzweige den Palmzweig. In einigen Gegenden galten noch bis in die 1960er Jahre Buchsbaumsträuße mit einem weißen Taschentuch aufs Gesangbuch gebunden als letztes Relikt des Palmbusches.

Wacholder

Gründonnerstag

Gundelrebe

Gründonnerstag kam traditionell eine grüne Speise auf den Tisch. Sie sollte die Gesundheit erhalten und die Kräfte auffrischen. Die Festtagssuppe aus siebenerlei Grün – (mancherorts auch aus neunerlei – dann mit Nesseln, Scharbockskraut, Quecke, Melde, Hederich, Senfkraut) – bestand aus sieben Kräutern oder Gemüsearten: häufig Grünkohl, Lauch, Spinat, Schnittlauch, Petersilie, Löwenzahn, Lattich, Sauerampfer oder Bärlauch, auch Gundermann. Im Volksglauben galten Sträuße aus Gundelrebe am Haus als Mittel gegen Blitzschlag und zugleich als altes Milchzaubermittel. Beim ersten Weideaustrieb im Frühling wurden die Kühe mancherorts durch einen Kranz aus Gundelrebe gemolken.

Die ersten Blätter der Gundelrebe sollten sofort am Fundort gegessen werden. Das versprach Gesundheit für das ganze Jahr. Kräutern, die am Gründonnerstag gesät wurden, sollte eine besondere Heilwirkung zukommen.

Karfreitag

Stiller »Fridag« in Mecklenburg, als Kreuzestod Jesu höchster evangelischer Trauer- und Fastentag. Am Karfreitag wurde traditionell Fisch gegessen, gewürzt mit Petersilie, Schnittlauch, Lorbeer und Knoblauch.

Ostern

Frühlingsfeste feierten bereits unsere heidnischen Vorfahren. Ostersonntag als Auferstehungsfest ist das älteste und höchste Fest des evangelischen Kirchenjahres am Sonntag nach dem ersten Frühlingsvollmond. Das Ei gilt in vielen Religionen und Mythen als Symbol des werdenden Lebens, Fruchtbarkeits- und Kraftmittel. Das ge-

Osterkorb mit pflanzengefärbten Eiern

färbte Osterei ist schon aus dem alten China überliefert, in Mecklenburg gibt es den Brauch erst seit nach der Mitte des 19. Jahrhunderts. Eier färben mit Farben aus der Natur ergibt wunderschöne zarte Töne: Nussbaumblätter, Zichorie, schwarzer Tee oder Kaffee (braun), Zwiebelschalen (gelbbraun), Kümmel (gelb), rote Beete (rot), Holunderbeeren (violett), Heu, Efeu und Brennnesselblätter (grün).

Der Osterbaum als immergrüner Lebensbaum aus Buchs- oder Birkenzweigen wurde mit farbigen Eiern geschmückt. Der giftige Buchsbaum wird auch Palme des Nordens genannt. Er gehörte zum christlichen Osterbrauch und galt als Abwehrmittel gegen Geister.

Überliefert ist aus Vorpommern für 1936 der gebackene Osterwolf mit vier Läufen und mit Kümmel bestreut. Nachgewiesen ist er bereits für das Jahr 1451. Noch um 1900 war er in Stralsund und Greifswald das beherrschende Ostergebäck.

Geweihte Weidenkätzchen, Buchsbaum oder Haselzweige am Hauseingang sollten das Haus vor Feuer und Blitz sowie vor Krankheiten schützen. Der Haselnussstrauch hat im Volksglauben eine besondere Bedeutung. Aus seinen Zweigen wurden die Wünschelruten zum Suchen von Wasserquellen geschnitten. Einige Tage vor Ostern sollte man im Haus in Töpfen Kresse säen als grünen, essbaren Osterschmuck. Um die Osterzeit beginnt die Bärlaucherernte. Die jungen Blätter sind köstlich auf Butterbrot oder als Pesto zu Nudeln.

30. April: Walpurgisnacht

Nach altem Glauben fand in dieser Nacht der Kampf des Sonnengottes mit den Winterdämonen statt. In den Dörfern wurden am Abend auf den Hügeln Feuer angezündet, um Hexen und Dämonen zu verjagen. Kränze aus neunerlei Holz an Haus und Stall, auch Holunderzweige, sollten böse Geister abwehren. Benannt ist die Nacht nach der Schutzpatronin gegen Zauberei, der Benediktineräbtissin Walburga. Bei den Kelten war es die Nacht vor Beltane, dem Feuerfest zu Ehren der Sonne. Waldmeister gehörte möglicherweise zu den Pflanzen der Frühlingsfeiern in vorchristlichen Zeiten. Im Volksglauben ernteten die Hexen in der Walpurgisnacht die Blattspitzen der äußerst giftigen Herbstzeitlosen für ihren Hexensalat. Und wer in der Walpurgisnacht die blühende Gundelrebe in der Tasche trug, würde am nächsten Tag beim Kirchgang jede Hexe erkennen.

1. Mai

Der Frühling wurde mit dem festlichen Aufstellen des Maibaumes als Glückssymbol und mit Tänzen begrüßt. Haus- und Stalltüren schmückten »Maien«. Mit dem »Maibuschen«, der in die Tür der Mädchen gesteckt wurde, trieben die jungen Männer allerlei Schabernack. Ein frischer grüner Birkenzweig verhieß Zuneigung. Auch das Vieh wurde zum ersten Weideauftrieb nach dem Winter mit Blumen, bunten Bän-

dern und Zweigen geschmückt und durchs
Dorf auf die Sommerweide geführt. Mit
den ersten frischen Kräutern machte man
Maibutter. Traditionell ist auch die Mai-
bowle mit Waldmeister. Er wird am frühen
Morgen geerntet, bevor die Blüten sich öffnen. Getrocknet hilft das Kraut gegen Mot-
ten. Als Tee wirkt Waldmeister beruhigend.
Die Brauer präsentierten ihr Maibier.

In Frankreich schenkt man sich noch
heute am 1. Mai Maiglöckchen. Sie gelten
als Glücksbringer und Schönheitsmittel
und verströmen einen sinnlichen Duft, der
vor allem Stierfrauen betören soll.

Im Mai erntet man die zarten, hell-
grünen jungen Spitzen der Tannen – Mai-
wuchs. Daraus lässt sich wie auch aus den

Die Birke ist Symbol des Frühlings und neuen Lebens

Blüten von Holunder oder Löwenzahn mit Rohrzucker und Zitrone ein aromatischer Sirup zubereiten.

Pfingsten

Das christliche Gründungsfest der Kirche galt als bedeutendstes Frühlingsfest im
ländlichen Mecklenburg. Beim festlichen Pfingstumzug und bei Reiterwettkämpfen
spielten die Hirten eine besondere Rolle. Als »Pingst-Oss« wurde der Langsamste mit
Birkengrün und Blumen geschmückt und »in den Sommer geholt«.

Um Pfingsten wachsen die jungen Triebe der Margeriten. Sie lassen sich als Gemüse blanchieren und in Butter schwenken, später können die jungen Blütenknospen paniert werden. Die weißen Blütenblätter der Orakelblume sind essbarer Schmuck
für Sommersalate.

In Wolhynien streute man zu Pfingsten klein gehackten Kalmus auf den lehm-
gestampften Küchenfußboden und stellte duftende Kalmussträuße ins Fenster. Ein
junges Mädchen wurde wie eine Braut gekleidet und mit Blumen geschmückt als
sichtbares Zeichen der Freude auf den Sommer.

Bärlauch *(Allium ursinum)*
Waldknoblauch, Schnitt-Knoblauch

Das zartgrüne und kräftig duftende Frühlingskraut ist eine alte Heilpflanze. Es eignet sich ideal für eine entschlackende Frühjahrskur. Das etwa 20 - 50 cm hohe Liliengewächs, dessen Blätter denen des giftigen Maiglöckchens ähneln, wächst im zeitigen Frühjahr auf humusreichen, feuchten Böden und tritt in Laub- und Auwäldern oft massenhaft auf. Die schneeweißen, üppigen Blüten leuchten ab Mai in den Wäldern. Man verwendet die jungen Blätter und die Zwiebel als Gewürz, gemeinsam mit Löwenzahn, Brennnessel, Spitzwegerich, Giersch und Vogelmiere beispielsweise als Wildsalat oder für die Zubereitung köstlicher Kräutersuppen und Salate.

Bei den Kelten und Römern, vermutlich auch bei den Slawen, in der Volksmedizin und in den Klöstern wurde Bärlauch hoch geschätzt. Seefahrer schätzten Bärlauch gegen Skorbut. Er enthält Vitamin C, verschiedene Sulfide, Mineralien und Spurenelemente, ätherisches Öl und wirkt, ähnlich wie sein noch kräftigerer Verwandter, der Knoblauch, blutdrucksenkend, antibakteriell und regt Magen und Darm an. Die schwefelaktiven Substanzen des Bärlauchs können Schwermetalle wie Quecksilber und Blei im Körper binden, so dass sie ausgeschieden werden können. Vor allem in der Volksmedizin galt Bärlauch als Blutreinigungsmittel bei unreiner Haut. Schleimlösend ist ein Getränk aus in Weißwein gekochten, kleingeschnittenen Blättern. Aber die duftende Pflanze ist nicht nur gesund, sie schmeckt auch aromatisch als Bärlauchkuchen, Spinat, Lasagne und gar als Bärlauchschnaps. Frisch zubereitetes Bärlauchpesto ist beliebt nicht nur in der Gourmetküche.

Die alten Germanen schrieben dem Bärlauch wundersame Kräfte zu. Vielleicht, weil die Bären nach dem Winterschlaf den Genuss des vor allem nachts stark duftenden Frühlingskrautes schätzen. Und noch dazu enthält Bärlauch nach wissenschaftlichen Erkenntnissen Substanzen, die den männlichen und weiblichen Sexualhormonen ähneln.

Bärlauch wächst oft massenhaft

Von Beifußgürteln, buntem Wasser und Kruderbüdeln

Pflanzenbräuche im Sommer

---

21. Juni: Sommersonnenwende

Nach alten Vorstellungen war diese Nacht eine Zaubernacht, in der die Sonne ihre größte Kraft besaß. Vorchristliche Religionen sahen in der Sommerwende ein Götterzeichen, zu deren Ehren die Menschen reinigende Feuer anzündeten. In heidnischen Zeiten trug man in dieser Nacht Beifußkränze und -gürtel beim Tanz um das Feuer. Sie wurden nach dem Tanz im Feuer verbrannt, um altes Unheil zu vernichten. Das Ritual des Sonnenwendfeuers in der kürzesten Nacht des Jahres wurde durch das Christentum zur Johannisnacht umgedeutet.

Lavendel gilt als altes Liebesmittel von Frauen, um die Zuneigung ihres Auserwählten zu gewinnen

23. Juni: Johannisnacht, Mitsommer, Holdertag

Die magische Johannisnacht gilt seit alters her als großer Wendetermin im Jahreslauf. Im christlichen Glauben wird sie als Geburtsfest Johannes des Täufers begangen. Zur Tradition gehörte auch ein rituelles schweigendes nächtliches Bad in Flüssen oder Teichen. Der Kraft von Feuer und Wasser kam in der Zeit der kürzesten Nächte des Jahres im Volksglauben große Bedeutung zu. Der Johannistag am 24. Juni hieß auch Hanstag. Zu den Hansblumen gehören Kornblumen, Klatschmohn und Rittersporn. Sie galten – in der Johannisnacht gepflückt – als wirksames Mittel gegen Blitzschlag.

Kräuterkorb mit »Hansblumen«

Kornblumen, um die Mittagszeit des Johannistages gepflückt, sagte man eine stark blutstillende Wirkung nach. Junge Mädchen sollten einen Blumenkranz binden und ihn sich in der Johannisnacht unters Kopfkissen legen, dann würde ihnen im Traum ihr Bräutigam erscheinen. Es hieß auch, Farnkraut blühe nur in der Johannisnacht. Wer es fände, hätte Glück bei allen Unternehmungen und könne sich gar unsichtbar machen. Johanniskraut, das in dieser Nacht blühen sollte, galt als magisches Heil- und Zaubermittel. Unsere Vorfahren pflückten es, um sich vor Dämonen und Blitzschlag zu schützen. Die jungen Mädchen flochten Kränze daraus. Wer um das Johannisfeuer tanzte, trug eine Johanniskrone. Der Teufel sollte die Macht des Krautes so fürchten, dass er seine Blätter durchstach. Mancherorts wurden zur Johannisnacht Türen und Stuben mit Ahorn geschmückt, um Unheil fernzuhalten. An diesem Tag gesammelte Heilkräuter galten im Volksglauben als besonders heilkräftig.

25. Juli: Jakobi-Tag

Beginn der Erntezeit, in Mecklenburg Aust oder Oorn genannt

Die Mädchen, die die Garben banden, schenkten den Mähern Sträuße mit Buchsbaum und Kunstblumen, die am Hut getragen wurden. Im »Bunten Wasser« am Abend schwammen Nesseln, Früchte und mitunter auch eine Flasche Branntwein, um die Erntearbeiter nach dem langen Arbeitstag zu erfrischen und bei Laune zu halten.

15. August: Kräuterweihe und Mariä Himmelfahrt

Thymian

Beginn der wichtigsten Kräutersammelzeit des Jahres, des sogenannten »Frauendreißigers« bis zum 15. September. In diesen vier Wochen sammelte man vor allem Frauenheilkräuter. Sie sollten, außer dem Johanniskraut, um diese Zeit ihre größte Heilwirkung haben. Seinen Ursprung hat der Tag in vorchristlichen Natur- und Erntedankfesten. Sie wurden zunächst verboten und dann unter den Schutz Marias gestellt. Marienfeste galten als bäuerliche Arbeitstermine und Lostage. Für die katholische Kirche symbolisierte die Heilkraft der Kräuter die Zuwendung Gottes zu den Menschen.

In den prächtigen Strauß um die Königskerze kamen mindestens neun Kräuterarten, auch Gartenblumen und Zweige von Holunder und Haselnuss. Die Sträuße wurden auf den Altar gestellt und mit Segensgebeten geweiht. Dazu gehörten: Arnika, Baldrian, Basilikum, Odermenning, Frauenmantel, Kamille, Königskerze, Liebstöckel, Pfefferminze, Salbei, Schafgarbe, Tausendgüldenkraut, Thymian und Wermut.

Den geweihten Kräutern kamen im Volksglauben besondere Heil- und Segenskräfte zu. Sie wurden nach der Festmesse als Schutz vor bösen Geistern an Haus und Stall angebracht, als Tee getrocknet und dem Vieh bei Krankheit unters Futter gemischt. Aus der Reformationszeit gibt es eine Überlieferung eines Stralsunder Bürgermeisters über geweihte Kräuter. Danach brachten die Frauen und Mägde zu Mariä Himmelfahrt riesige Bunde von Kraut in die Kirche. Erwähnt werden unter anderem Fenchel, Baldrian, Hanf, Arnika, Mohnkapseln, Liebstöckel, Wermut, Alant,

Holunder

Butterblumen, Knoblauch und Senf. Der katholische Pastor besprengte das Kraut mit Weihwasser. Die geweihten Kräuter wurden am Körper in kleinen Beuteln als Abwehrmittel gegen alles Böse getragen. »Kruderbüdel«, kleine Stoffbeutel mit vielen wohltuenden Kräutern, gehörten gar zu den Patengeschenken bei Kindtaufen.

24. August: Bartholomäustag

Abschluss der Erntearbeiten mit »dem letzten Fuder« und dem festlichen Überbringen einer blumengeschmückten Kornpuppe an den Gutsherren als Symbol der eingebrachten Ernte.

Rosenblütenernte im Kräutergarten

129

Filzige Königskerze *(Verbascum phlomoides)*

Himmelskerze, Brennkraut, Lungenstengel, Kunkelblume, Wetterkerze

Die artenreiche Königskerze gehört zu den größten einheimischen Blumen. Einst galt sie als Symbol der Königswürde. Sie kann bis zu zwei Meter hoch werden. Ihren Namen hat sie von der Wuchsform, sie wächst gerade und hoch wie eine Kerze. Durch die unregelmäßig aufgehenden Blüten entsteht der Eindruck einer ständig brennenden Kerze. Sie wird nach kirchlichem Glauben der Jungfrau Maria zugeordnet, die oft mit einer Königskerze in der Hand, dem Himmelsbrand, dargestellt wurde. Die Kräutersträuße an Mariä Himmelfahrt sind zumeist um die Königskerze als Mittelpunkt angeordnet.

Der antike Arzt Hippokrates erwähnt die Pflanze als Heilkraut gegen hartnäckigen Husten. Die Griechen mischten den Pferden das Kraut als stärkendes Herzmittel ins Futter. Hildegard von Bingen nannte die majestätische Blume »Wullena«. Daraus wurde der Name Wollblume abgeleitet. Der schwedische Botaniker Lenné be-

richtete, dass sich Bettler im Mittelalter ihre Blätter gegen Geschwüre auflegten. Die Königskerze mit ihren grellgelben Blüten gehört neben Eibisch, Huflattich, Klatschmohn, Katzenpfötchen, Malve und Veilchen zu den sieben »Brustpflanzen«. Saponine und ätherische Öle wirken schleimlösend und ausgleichend, auch bei Asthma und Nervosität. Die gerade geöffneten Blüten werden von Juni bis September gesammelt und lassen sich zu Tee und Hustensirup verarbeiten. Man pflückt nur die Blütenkronen ohne den Kelch bei Sonnenschein.

Blühende Königskerze

Blütenauszüge entfalten in der Sonne ihre Aromen und Düfte

Von Austköst, Martinsgans und Rockenstube

Pflanzenbräuche im Herbst

---

um den 21./22. September: Herbstanfang; Tag- und Nachtgleiche

Der Altweibersommer wurde nach den Silberfäden der jungen Kreuzspinnen benannt, die wie viele sesshafte Spinnen an langen Fäden in neue Lebensräume fliegen. Im Volksglauben sind sie von Elfen, Zwergen, mythischen Spinnerinnen wie Frau Holle oder der Jungfrau Maria – Liebfrauenfäden – gesponnen.

Spinnenweben im Morgentau

Zeit der Gemüse-Märkte mit Kürbissen, Zwiebeln, Gurken, Kräutern und Obst.

29. September: St.-Michaels-Tag

Beginn der Lichtarbeit im Haus, abendliche Feuer waren Symbol für den Einzug des Lichtes gegen die Winterdunkelheit. Sie gingen möglicherweise auf germanische Opferfeste am Ende der Ernte und des Sommers zurück. Das Datum galt als alter germanischer Herbstthing (Gerichtstag). Im christlichen Glauben ist der Tag dem Erzengel Michael gewidmet.

Erster Sonntag im Oktober: kirchliches Erntedankfest

Kultische Erntefeste sind so alt wie der Ackerbau. Der rituelle Dank für eine gute Ernte wird schon seit Urzeiten in allen Religionen gefeiert. Das kirchliche Erntedankfest, das auf das alte jüdische Laubhüttenfest zurückgeht, wird am Sonntag nach Michaelis begangen. Früchte und Pflanzen des Feldes und der Gärten werden dekorativ auf dem Altar aufgebaut und später den Dorfarmen geschenkt. Noch heute rufen die Kirchen vor diesem Tag die Bevölkerung zu Obst- und Gemüse-Spenden auf, die nach dem Fest an die »Tafeln« für sozial Schwache verteilt werden.

Erntefest

Das bäuerliche Erntefest mit Umzug und An-bringen der Erntekrone auf den Gutshöfen und Bauerndörfern, in Mecklenburg auch Austköst oder Oornbier genannt, feierte man mit Musik, Tanz und reichlichem Essen, oftmals in der gro-ßen Mitteldiele der mächtigen schilfgedeckten Hallenhäuser. Beliebte Gerichte waren Rind-fleisch mit Pflaumen, Hering und Schinken. Das Fest wurde gefeiert, wenn der letzte Erntewa-gen im Dorf war. Kundige Frauen versammelten sich an den Abenden davor, um die aufwendige Erntekrone zu binden. Zunächst flochten sie eine Krone aus Kornähren und Fichtenzweigen, umgaben sie mit Schnüren von Hagebutten, mit

Kirchliches Erntedankfest

leuchtend rotem Klatschmohn, Margeriten, Kornblumenblau, goldgelben Sonnen-blumen, Maiskolben und bunten Bändern.

Die prachtvolle Erntekrone wurde mit einem feierlichen Erntekranzspruch von einer jungfräulichen Kornbinderin dem Gutsherren übergeben. In den Bauerndörfern brachten am Abend vor dem Fest Knechte und Mägde die Krone im Festhaus an.

16. Oktober: St.-Gallus-Tag

Alter Lostag, um den es viele Wetterregeln gibt. Um dieses Datum wurde die Kräu-ternte beendet, die letzten Kartoffeln kamen vom Acker, die Wintersaat kam aufs frisch gepflügte Feld. Nach Sankt Gall, wenn es kühler wurde, begann die Schlacht-zeit.

24. Oktober: Bartelstag

Bis zu diesem Tag mussten die Felder geräumt sein und das Erntefest stattgefunden haben. Dienstbotenwechsel in Mecklenburg – »Treckeldag«.

31. Oktober: Halloween

Herbstliche Festdekoration

Samhain, als kirchliches Fest später Allerheiligen genannt, galt in vorchristlichen Religionen als Neujahrsfest der weisen Frauen und begann in der Nacht des 31. Oktober. Es war ein Tag der inneren Einkehr. Der Schleier zwischen der Welt der Lebenden und der Toten sollte in dieser Nacht am dünnsten sein.

Halloween ist das alte Totenfest der Kelten. Nach deren Glauben rief der Herr des Todes in dieser Nacht die bösen Seelen zu sich, Hexen und Geister spukten auf der Erde herum. Mit Lärm, Feuer und anderen Abwehrritualen sollten sie vertrieben werden. Ausgehöhlte Kürbisse mit Kerzen, furchteinflößende Kostüme und Masken gehörten zu den Bräuchen. Halloween ist in Mecklenburg ein neues Fest, das dem heilenden, vielseitigen Kürbis mit dem milden Geschmack wieder zu großer Beliebtheit verholfen hat.

Herbst ist die Zeit der Gemüsemärkte

11. November: St.-Martins-Tag

»Martini ist ein harter Mann für den, der nicht bezahlen kann«.

Seit alters her ist Martini ein Abgabetag und wichtiger Wendetag im bäuerlichen Jahreslauf. Für das Gesinde begann ein neues Dienstjahr. Martini war Abgabetermin von Pachten und Zinsen an den Grundherren, Abgabe des Zehnten, der Naturalsteuer. Bekannt ist die Martinsgans, die das kärgliche Einkommen des Pastors, Küsters und Schulmeisters etwas aufbesserte. Ihr Fleisch galt als besonders segensreich und heilkräftig. In manchen Kulturen waren Gänse heilige Weissagungsvögel.

»Mit der Gans wird der Sommer geschlachtet«, ist eine alte Bauernweisheit. Die Gans wurde auch mit Sankt Martin, dem Bischof der Armen und der Armut, in Verbindung gebracht. Beifuß gilt traditionell als verdauungsförderndes Gewürz zum fetten Gänsebraten.

Neben der Gans wird Martin auf zeitgenössischen Darstellungen mit einem Weinkelch dargestellt – er gilt auch als Schutzpatron der Zecher. Am Abend vor dem Martinstag begannen die Kinder ihre winterlichen Heischgänge mit Kürbislaternen. Lichter sollten helfen, die Dämonen der dunklen Jahreszeit zu vertreiben.

Im November wurde das Vieh eingetrieben. Die Zeit der Schlachtfeste, des Räucherns und Pökelns begann.

Ritueller Erntedank

30. November: Andreastag

Von der Andreasnacht erhofften die Menschen Aufschluss über die Zukunft. Der Apostel Andreas galt als Künder der Zukunft. Winterliche Umzüge dienten auch dazu, Fruchtbarkeit für die Felder zu erbitten. Die jungen Mädchen erkundeten in der Andreasnacht mit vielfältigen Orakeln den Namen ihres Liebsten.

Die dunkle Jahreszeit mit langen Abenden begann. Die Frauen trafen sich zur Winterarbeit in der Spinnstube, auch Lichtstube, Rockenstube genannt. Schon mit etwa sieben Jahren wurden die Mädchen mit dem Spinnrad vertraut gemacht. Das

Spinnen von Wolle und Flachs gehörte zu den wichtigsten Winterarbeiten der Frauen. Zuvor musste der Flachs mühevoll bearbeitet werden. Flachs, auch echter Lein genannt, ist eine der ältesten Nahrungs- und Faserpflanzen überhaupt. Selbst gesponnenes oder gewebtes Leinen war ein Statussymbol. Mit dem hoch geachteten Aussteuerschatz zeigte die Frau ihre weibliche Tugenden: Ordnungssinn, Fleiß und Geschicklichkeit.

Die duftenden Quitten gelten als Symbol für reichen Kindersegen

Die Quitte (Cydonia oblonga)

Kydonia war der Name einer antiken Stadt auf Kreta. Daher stammt vermutlich die lateinische Bezeichnung der herben Frucht. Der goldene Apfel des Paris soll eigentlich eine Quitte gewesen sein. Die Quitte gilt als Frucht der Liebesgöttin Aphrodite. In der griechischen Mythologie wuchsen in den Gärten der Hesperiden goldene Äpfel, die von einem Drachen bewacht wurden. Der duftende goldene Liebesapfel gehört zu den Rosengewächsen. Die Heimat der erlesenen aromatischen Delikatesse ist Vorderasien. In Armenien wächst die Quitte heute noch wild. Hippokrates empfahl sie bei Fieber und Durchfall.

Vor Tausenden von Jahren sollen Gärtner aus Mesopotamien die Frucht als erste kultiviert haben, Griechen veredelten sie auf Kreta. Seit dem 9. Jahrhundert wurde sie auch nördlich der Alpen angebaut.

Im Mittelalter war die Quitte ein begehrtes Obst, wurde roh wie Äpfel und Birnen gegessen, ihr Fruchtfleisch als Wintervorrat zubereitet. Hildegard von Bingen beschrieb sie als warm und trocken, gekocht oder gebraten als Mittel gegen Gicht und Geschwüre. Die Kerne verwandte man einst sowohl für die Schönheit, zum Färben und Locken der Haare. Aber auch als Heilmittel kommt der Quitte Bedeutung zu.

Trocknet man die Samen und lässt sie dann quellen, kann man die in ihnen enthaltenen Schleimstoffe zum Gurgeln oder äußerlich bei Entzündungen verwenden ebenso wie als mildes Abführmittel. Die getrockneten Kerne können als Hustenbonbon gelutscht werden. Allerdings sollen sie beim Zubereiten nicht zerstoßen werden, da dann giftige Blausäure freigesetzt wird. Tee aus den zartrosa Blüten wirkt beruhigend und schlaffördernd. Die wollige Haut der rohen Frucht ist ein blutstillendes Mittel. Die Quitte enthält neben Pektin und Eisen auch viel Vitamin C.

Die Birnenquitte ist weicher und milder, die Apfelquitte hingegen aromatischer. Essbar ist auch die Zierquitte, bekannt als Scheinquitte. Ihr Vitamin C- und Pektingehalt übersteigt den der Quitte, so dass sie auch nordische Zitrone genannt wird. Das köstliche Aroma der duftenden Frucht wird heute für Emulsionen in der Kosmetik und zur Likörbereitung genutzt.

Die Zubereitungsmöglichkeiten in der Küche sind äußerst vielfältig. Quitten sollen übrigens ungeschält verwendet werden. Nur der Flaum, der viele Bitterstoffe enthält, sollte abgerieben werden. Ein wunderbares Weihnachtskonfekt lässt sich aus dem getrockneten Mus zaubern. Die Engländer kannten schon um 1670 Rezepturen für die würzig-herbe Quittenkonfitüre mit viel Zucker und Honig. Lina Morgensterns Universal-Kochbuch aus dem 19. Jahrhundert verzeichnet neben Rezepten für Quittenbrot und Quittengelee auch Sirup, Kompott, Marmelade aus den leuchtend gelben Früchten, ebenso wie Quittenschnee mit Zitrone und Eischnee im Ofen gebacken oder Quitten in Kognak. Köstlich schmecken karamellisierte Quitten in Calvados. Geerntet werden die Früchte erst, wenn sie sich gelb färben, möglichst gleich nach dem ersten Frost.

Im Altertum galt die goldgelbe Köstlichkeit wie auch der Apfel als Symbol für Fruchtbarkeit und Liebe, Klugheit und Schönheit. Es heißt, dass früher der Brautvater in der Hochzeitsnacht einen Quittenbaum pflanzte. Der Hochzeitskuchen wurde mit Quitte gewürzt, als Symbol für reichen Kindersegen.

Kürbisse sind vielseitige Küchenkünstler

Von Vullbuksabend, grünen Zweigen und Rauhnächten

Pflanzenbräuche im Winter

Adventszeit (lateinisch Ankunft)

Der Kranz, Sinnbild für Liebe und Hoffnung, gehört zu den uralten Symbolen. Möglicherweise hat er seinen Ursprung im germanischen Ringzauber, der böse Mächte fernhalten sollte. In der Antike galten Kranz und Krone als Zeichen des Sieges.

1839 ließ Johann Hinrich Wiechern in einem Hamburger Kinderheim den ersten Adventskranz aus Holz mit 24 Lichtern aufhängen. Natürlicher Schmuck und winterliche Düfte für den Adventskranz aus gebundenen Tannenzweigen sind an Johanni gepflückte Kräuter wie Salbei, Lavendel, Rosmarin mit dem kräftigen Pinienduft und getrocknete Rosenblüten.

Ländliche Winterstimmung

4. Dezember: St.-Barbara-Tag

Blühender Apfelzweig

Barbara galt als Schutzpatronin der Sterbenden, Bergleute, Glockengießer und Bauleute. Die schöne Kaufmannstochter starb in der Zeit der Christenverfolgung. Der Legende nach verfing sich auf dem Weg ins Gefängnis ein Kirschzweig in ihrem Kleid, der am Tag ihrer Hinrichtung blühte. Am Barbaratag holte man sich Kirsch- oder Apfelzweige, Forsythien oder Haselnuss ins Haus – Sinnbild der Hoffnung auf einen neuen Frühling. Mit etwas Glück blühen die Knospen zu Weihnachten.

Barbarakraut (Winterkresse) wird im Winter als Salat oder Spinat verarbeitet.

6. Dezember: Nikolaus

Haselnüsse, Äpfel, Pfeffernüsse und »Kinnjespoppen« gehörten in die Weihnachtszeit. Schon in alten Zeiten bekamen die Kinder um die Zeit der Wintersonnenwendfeiern getrocknete Früchte und Nüsse geschenkt, um den harten Winter zu überleben, waren sie doch die Hoffnung der Gemeinschaft. Die Haselnuss ist ein altes Fruchtbarkeitssymbol »viele Haselnüsse, viele uneheliche Kinder«.

Der Brauch, kleine Gaben wie Äpfel oder Nüsse in einen Schuh zu stecken, hängt auch mit dem Brautschuh als Symbol weiblicher Fruchtbarkeit zusammen. Naschwerk galt einst als Mittel zur Besänftigung böser Mächte.

Die immergrüne Rute des Nikolaus war ursprünglich ein Fruchtbarkeitszeichen, ehe sie zum Strafmittel wurde.

Der Apfel – die Königin der Früchte gehört in die Weihnachtszeit

13. Dezember: Luciatag

Lucia-Braut mit einem Lichterkranz

Lucia, die »Leuchtende«, brachte Licht in das Dunkel um die Zeit der längsten Nächte des Jahres. Im katholischen Glauben ist der Tag dem Gedenken an eine Märtyrerin gewidmet. In vielen Ländern galt die Luciennacht als Nacht der Geister und Hexen. In Italien ging Befana um, in Nordeuropa Holla. In Schweden ist Lucia noch heute die Licht- und Gabenbringerin. Eine weiß gekleidete Lucia-Braut mit einem Kranz aus Preiselbeerzweigen und brennenden Kerzen bringt der Familie am Lucienmorgen Frühstück ans Bett.

21. Dezember: Wintersonnenwende

Mistel

Nach vorchristlichen Bräuchen Julfest, um den Sieg des Lichtes über die Dunkelheit zu feiern. Der kürzeste Tag des Jahres verhieß die Hoffnung auf Licht und Wärme. Er wurde mit abendlichem Feuer begangen. Schon in frühen Zeiten, als die Menschen sich noch nicht als Herrscher über die Natur verstanden, holten sie sich im tiefsten Winter immergrüne Zweige zum Schutz vor Geistern und Dämonen ins Haus. Auch aus Sehnsucht nach Wärme, Frühling und neuem Leben. An Haustüren angebrachte Stechpalmenzweige sollten Menschen und Tiere vor dem Bösen bewahren. Wer »auf keinen grünen Zweig kam«, wie ein Sprichwort sagt, dem fehlten der Schutz der guten Geister und damit das Glück. Die guten Geister wohnten im Volksglauben in Bäumen. Vor allem Eibe und Buchsbaum sollten den Teufel vertreiben. Fichte, Kiefer, Wacholder und Efeu galten als Zeichen ewiger Lebenskraft.

Mistelzweige waren schon bei den Druiden heilig. Die Zweige symbolisierten Frieden und Versöhnung. Sie sollten mit ihrer immergrünen Kraft böse Geister abwehren. Noch heute heißt es, wer sich unter ihnen begegnet, darf sich küssen. Man wird sie in keiner Kirche finden, da sie für heidnischen Glauben stehen.

24. Dezember: Heiligabend, »Vullbuksabend«, Julklapp

Die erste der zwölf »Rauhnächte« zwischen den Jahren. Die Bauern räucherten mit Weihrauch die bösen Geister in den Ställen aus. Im Volksglauben kamen die Dämonen aus dem Rauch des Schornsteins. Fru Gode flog durch die Luft mit ihrer Hundemeute.

Rot und grün sind traditionelle Weihnachtsfarben. Grün war die Farbe des Ackersegens, rot stand für das Leben und gold für das Licht. Der immergrüne Baum als geschmückter Lichterbaum im häuslichen Kreis ist seit der Mitte des 17. Jahrhunderts bekannt, in Mecklenburg etwa seit Anfang des 18. Jahrhunderts. Als Gemeinschaftsbaum von Zünften wird er schon 1419 erwähnt. In Europa verbreitete er sich

Nüsse, Äpfel und immergrüne Zweige sind alte Weihnachtssymbole

zunächst an Königs- und Fürstenhöfen, in der bürgerlichen Oberschicht der Städte und auf großen Landgütern. Rote Äpfel und vergoldete Nüsse galten als Segensfrüchte, zugleich sollten sie die guten Hausgeister anlocken. Während der Apfel als Symbol für Liebe und Fruchtbarkeit stand, zeigen die nahrhaften Nüsse die zwei Seiten des Lebens – die dunkle, verborgene im Inneren und die strahlend goldene äußere. Nüsse und Äpfel gehörten zu vielen Orakeln. Erst im 19. Jahrhundert wurde der immergrüne Baum kirchliches Weihnachtssymbol.

Ebenso ein altes Sinnbild für Fruchtbarkeit und Wachstum ist der Hopfen. Es heißt, er blühe in der Christnacht.

Die Christrose, auch Schneerose genannt, erinnert möglicherweise an ein altes Weihnachtslied: »Es ist ein Ros entsprungen …«. Im Christentum galt sie als Symbol für die Geburt Christi, im Volksglauben auch als ein mystisches Wetterorakel.

6. Januar: Dreikönigstag

Alte Zeitenwende, letzte der »Rauhnächte« zwischen den Jahren, wichtiger Tag im bäuerlichen Arbeitsjahr, an dem die Zukunft befragt wurde. Nach christlichem Glauben brachten die drei Weisen aus dem Morgenland dem Jesuskind Gold, Myrrhe und Weihrauch an die Krippe.

Christrose *(Helleborus niger)*
Schwarze Nieswurz, Weihnachtsblume, Schneerose, Schelmrose

> *»Die Schönste bist du,*
> *Kind des Mondes …*
> *Den keuschen Leib voll Reif und Duft*
> *Himmlischer Kälte …«,*
> *besang einst Eduard von Mörike die magische Christrose*

Da vor allem eine der Nieswurzarten – die Stinkende Nieswurz (Helleborus foetidus) – mitten im Winter, um die Weihnachtszeit blüht, wurden ihr einst Zauberkräfte zu-

Die mystische Christrose

geschrieben. Auf dem Lande gehörte die Christrose zum Weihnachtsschmuck und galt zugleich als Orakelblume. Zwölf Knospen in der Vase kündeten vom Wetter im kommenden Jahr. Blieben sie geschlossen, wurde das Wetter schlecht.

Nieswurz wurde im Altertum gegen Geisteskrankheiten und Epilepsie eingesetzt (helleborosus (lat.) = nicht bei Verstand). Ihr Verzehr ist, wie der Name sagt, tödlich (helein (griech.) = töten, bora = Speise). Angeblich ist schon der Genuss von drei Samenkapseln tödlich. Niger bezieht sich auf die schwärzliche Wurzel. Die geheimnisvolle Blume, die in allen Teilen giftig ist, galt als Bestandteil der Hexensalben und als Mittel zur Erhaltung der ewigen Jugend.

Das geriebene Pulver der Wurzel reizt zum Niesen, ist eine der Namenserklärungen. Man glaubte, man könne mit ihr böse Geister und Krankheiten ausniesen. Zwerg Nase in Hauffs gleichnamigem Märchen kam durch das Kräutlein »Nies mit Lust« wieder zu seinem wahren Aussehen.

Heute noch ist die Pflanzendroge Bestandteil von Schnupftabak. Wie bei vielen giftigen Pflanzen ist die Dosis entscheidend. Heilwirksam sind Wurzelstock und Blätter. Die Volksmedizin nutzte die Pflanze als Brech- und Abführmittel. Sie wurde medizinisch als Wurm- und Abführmittel, bei Gelbsucht sowie als herzanregend verwandt und galt als Mittel gegen Pest.

Die Heimat der kühlen Schönen sind die Karpaten und die Ost- und Südostalpen.

Winterstimmung

Pflanzenbräuche im Lebenslauf

Von Bettstroh, Beifuß und Quendel

Pflanzenbräuche um Geburt und Taufe

———

Beifuß

Kamille

Um Wehen und Geburt gab es früher unzählige Rituale, da die Gefahr groß war, dass die Mutter oder das Baby sterben könnten. Die Gebärende bekam ein Büschel Beifuß in die Hand, ein Frauenkraut und Schützerin der Mütter. Das Bett und die Gewänder der Gebärenden und der Geburtshelferinnen wurden mit reinigendem Fichtenrauch ausgeräuchert, auch mit Hartheu (Johanniskraut) und Beifuß. Hildegard von Bingen schrieb über Beifuß: »Hebammen hatten früher immer das Kraut bei sich, denn es hilft bei der Abstoßung der Nachgeburt.« Mutterkorn milderte Blutverlust. Duftende Pflanzen, die schon unsere heidnischen Vorfahren für das Lager von Mutter und Säugling verwandten, wurden im Christentum zu »Unser Frauen Bettstroh«. Dazu gehörten der beruhigende Quendel (Feldthymian), Dost (wilder Majoran), Leinkraut, Kamille, Waldmeister, Steinklee, Gundelrebe und Heilziest.

Auch das echte Labkraut zählte zu den wohlriechenden und schützenden Bettstrohkräutern. Die Rose von Jericho, eine arabische Trockenpflanze, die sich im Wasser öffnet und grün wird, galt im Mittelalter als Orakel für den Verlauf der Geburt. Man legte sie bei Beginn der Wehen ins Wasser.

145

Für das Neugeborene wurde oft ein Baum gepflanzt als Symbol der Fruchtbarkeit und des Gedeihens des Kindes. Mitunter war es für Mädchen ein Birnbaum, für Jungen ein Apfelbaum, manchmal auch ein Myrtenbäumchen als Lebensbaum oder eine Birke als Zeichen der Unschuld und Jungfräulichkeit. Unter dem Baum wurde die Nachgeburt begraben. Das erste Badewasser des Neugeborenen sollte unter einem Rosenbusch ausgeschüttet werden, damit das Kind rote Backen bekäme. Es hieß auch, wenn man das Taufwasser über einen Rosenbusch gieße, bekäme das Kind Locken.

Die Sorge um das ungetaufte Kind – »De ungedöfften Kinn swäben twischen Himmel un Ier« – mündete in mannigfaltigen Abwehrhandlungen zum Schutz des Kleinen vor dem Bösen, vor Hexen und Dämonen. In Warnemünde legte man für die ersten Lebensjahre einen Besen aus Birkenreisern in die Wiege zum Schutz vor unheilbringenden Geistern, andernorts auch eine Bibel oder ein Gesangbuch. Auch die Babywiege selbst wurde oft aus Birkenholz gebaut. Den Mädchen legte man gegen Krämpfe Vogelmiere in die Wiege, auch Wundklee zum Schutz vor bösem Zauber. Aus Warnemünde ist überliefert, dass die Nachgeburt unter einem Apfelbaum begraben wurde, andere Quellen nennen den Holunderstrauch.

Vor der Taufe bestimmte der Kindsvater zwei bis drei Paten, eine große Ehre für die Auserwählten. Auch bei den Taufbräuchen stand mitunter die Armut hinter dem Brauch. Hatte doch das Kind von den Paten zu bestimmten Höhepunkten wie Neujahr, Ostern, Schulanfang, Konfirmation Geldgaben und Geschenke zu erwarten. Ebenso wie der Brauch der Heischegänge der Kinder, der Hirten oder Knechte vor Festen oft genug aus wirtschaftlicher Not herrührte. Von Stralsund ist aus der Reformationszeit als Patengeschenk der »Kruderbüdel« überliefert – kleine Stoffbeutel mit wohltuenden, bei der Kräuterweihe im August geweihten Kräutern.

Wiege mit Besen aus Birkenreisern als Abwehrzauber im Heimatmuseum Warnemünde

Die Hänge-Birke *(Betula pendula)*

Sandbirke, Maibaum, Frühlingsbaum, Hexenbesen

Die schlanke Birke mit ihrem hell leuchtenden Stamm und ihrem zarten Grün verströmt Leichtigkeit und Sehnsucht zugleich. Sie ist ein uraltes heiliges Symbol für das erwachende Leben, für Fruchtbarkeitsfeste des Frühlings, für Wiedergeburt, Jungfräulichkeit. Ihr Name stammt vom indogermanischen »bhereg« und bedeutet soviel wie glänzend, schimmernd. Die weiße Rinde symbolisiert Unschuld. Die Farbe entsteht durch den Inhaltsstoff Betulin. Bei jungen Birken ist die Rinde ganz seidig und zart. Der erste grüne Baum des Jahres in unseren Breiten wurde schon in alten Zeiten als »Maien« aus dem Wald geholt – symbolisch holte man so den Frühling ins Dorf. Noch heute ist das Aufstellen des geschmückten Maibaums ein beliebter Brauch.

Die schöne Birke ist Symbol für Leichtigkeit und Sehnsucht

Die schnell wachsende Birke ist genügsam in ihren Ansprüchen. Sie gedeiht auch auf Sandboden, braucht aber viel Licht. Sie ist reich an guten Gaben für uns. Sie wirkt blutreinigend und harntreibend. Tee aus ihren Blättern oder Knospen ist daher hilfreich bei Stoffwechselstörungen wie Rheuma und Gicht. Die Knospen pflückt man im März, die zarten Blätter im Mai/Juni für Frühlingssalate. Die Rinde kann man abkochen bei Hauterkrankungen. Frischer Birkensaft stärkt die Kopfhaut.

Aus Birkenreisern wurden früher Besen gebunden, aus der Rinde gewannen schon die Gallier Birkenteer als Wagenschmiere. Der Teer eignet sich auch zum Desinfizieren von Wunden. Birkenrinde wurde einst zur Papierherstellung und für Brotdosen genutzt, aus dem elastischen Holz wurden Holzschuhe gemacht. Auch Babywiegen wurden gerne aus Birke gebaut.

Bei Frühlingsfesten vertrauen wir ihr unsere Wünsche an. Wir hängen kleine Zettel in ihre Zweige und lassen sie im Wind flattern.

Von Gräunkohl, Pepperkrut und Kümmel

Pflanzenbräuche zur Hochzeit

Nach einer griechischen Sage liebte die Göttin Minerva eine schöne Nymphe namens Myrsike. Aus Eifersucht jedoch tötete sie die Geliebte. Da wuchs eine Myrte aus dem toten Körper der Myrsike. Minerva bereute ihre Tat und übertrug ihre göttliche Liebe auf den Strauch. Seither ist die Myrte die Schutzpflanze aller Liebenden.

Der grüne Brautkranz aus Myrte und Rosmarin mit Seidenbändern ist in Mecklenburg erst seit dem Ende des 19. Jahrhunderts üblich. Der Kranz gilt seit alters her als Sinnbild der Liebe. Der Bräutigam schmückte seinen Hut mit Rosmarin oder er trug am Revers ein kleines Myrtensträußchen.

Vielerorts pflanzten die Brautleute einen Baum als Symbol für den gemeinsamen Anfang. Überliefert ist der Brauch für Neuvermählte, vor der Hochzeitsnacht gemeinsam einen Apfel zu essen. Aus der Schweriner Gegend ist der Brautleuchter aus Äpfeln bekannt. Der Apfel steht hierbei als Fruchtbarkeitssymbol.

In Warnemünde wurde die Brautkrone um 1850 vom grünen Myrtenkranz abgelöst, trotz der Spottreden der Warnemünder von »gräun Kohl up'n Kopp«.

Die Warnemünder Brautkrone war über und über mit Glasperlen geschmückt, die Ohrenklappen aus schwarzem Tuch mit Goldfäden durchzogen.

Warnemünder Brautkrone aus dem 19. Jahrhundert

148

Liebstöckel

Die letzte Kronenbraut wurde in Warnemünde 1848 getraut.

Die Trauung hieß grüne oder weiße Hochzeit, nach zehn Jahren Ehe folgte die Rosenhochzeit (»Keine Rose ohne Dornen, keine Ehe ohne Sorgen«). Unmittelbar nach der Trauung wurde Reis gestreut, ein Symbol für die Fruchtbarkeit der Ehe, ebenso wie das Streuen von Blumen durch die Blumenkinder den Wunsch nach reichem Kindersegen symbolisierte. Der Blumenduft sollte die Fruchtbarkeitsgöttinnen anlocken.

Liebstöckel war ein häufig gebrauchtes Mittel für den Liebeszauber. In der Schweriner Gegend trugen Bräute Wurzeln und Blüten des Liebstöckels bei sich, um der ewigen Liebe sicher zu sein. Die Wurzeln waren Bestandteil von Liebestränken. Thymian wurde als Schutzhandlung in die Brautschuhe gesteckt.

Es hieß, ein vierblättriges Wiesenkleeblatt über der Tür angebracht, ließe als erstes den künftigen Ehemann eintreten. Kümmel sei hilfreich gegen Dämonen, daher trug das Brautpaar bei der Trauung oft Kümmel bei sich.

Rosmarin ist wegen seines betörenden Duftes für den Liebeszauber verwendet worden. Oft findet man ihn in alten Abbildungen als Symbol der Liebe. Daher ist er auch in vielen Hochzeitssprüchen wiederzufinden: »Rosmarin un Päperkrut, Alle Mätens warden Brut«. Ein Rosmarinstrauß durfte am Hochzeitstag nicht fehlen, hieß es.

Lieblich duftende Veilchen-, Hopfen-, Birken- oder Lindenblüten unter dem Kopfkissen der künftigen Braut sollten erotische Träume bewirken.

Myrte *(Myrtus communis)*

Die zierliche Schöne mit ihren zarten weißen duftenden Blüten und den glänzenden dunkelgrünen Blättchen ist von mancherlei Mythen und Bräuchen der Völker umgeben. Beheimatet ist die Myrte im Mittelmeerraum.

Ein Myrtenzweig symbolisiert von alters her Keuschheit und Reinheit der Braut. Schon die Römer und Griechen schmückten die jungfräuliche Braut mit einem Myrtenkranz. Seinen Ursprung hat der Brauch möglicherweise in der Zeit der babylonischen Gefangenschaft. Junge jüdische Frauen trugen zum Zeichen der Liebe und des Brautstandes Myrtenkränze.

Im mecklenburgischen Volksglauben hieß es: »Wer eine Myrte zum Blühen bringt, wird bald heiraten«, aber auch: »Wer Myrten hegt, sie niemals trägt« und: »Trägt eine Frau einen Myrtenkranz, der ihr nicht gehört, bleibt sie unverheiratet.« Überliefert ist der Brauch, einen Zweig aus dem Brautkranz zu bewurzeln und behutsam zu einem Busch zu ziehen. Ginge die Myrte ein, stürbe auch die Liebe, hieß es. Tee aus Blättern des Hochzeitskranzes sollte bei schweren Krankheiten helfen. Tatsächlich hilft Tee aus Myrtenblättern bei Erkältungen.

Einer arabischen Legende nach entstammt die Myrte dem Paradies. Adam nahm bei der Vertreibung einen Myrtenzweig zur Erinnerung mit. Die römische Göttin Venus wird mit einem Myrtenzweig dargestellt. Die Römer schmückten einst ihre Tempel und Festhallen mit feinem Myrtenduft. Noch heute ist Myrtenöl Bestandteil von Parfüm. Im jüdischen Glauben ist sie ein Zeichen für Unsterblichkeit, göttliche Güte, Freude und Frieden. Neben den Zweigen einer Zitrusfrucht, einer Dattelpalme und einer Bachweide gehörte Myrte zum Feststrauß für das jüdische Laubhüttenfest.

Die zarte, duftende Myrte

Schon im Mittelalter war die Myrte eine Heilpflanze, hilfreich bei Kartharren der Atemwege, äußerlich bei entzündlichen Hautleiden. Heute ist nachgewiesen, dass der Inhaltsstoff Myrtol entzündungshemmend wirkt. Er wird bei Akne und Schuppenflechte angewandt. Dioscorides empfahl Myrte gegen Geschwüre, Knochenbrüche, Spinnenbisse und Skorpionstiche. Im 17./18. Jahrhundert galt sie in England als Modepflanze, jede englische Dame hatte ein Myrtenbäumchen im kühlen Wintergarten. Ihre Blüten und Knospen verfeinern Salate. Die Zweige kann man mit Fleisch kochen, die Beeren lassen sich ähnlich wie Wacholderbeeren verwenden.

Von Totenkrone, Immergrün und Rosmarin

Pflanzenbräuche zum Tod

Pflanzen kam eine große Rolle in der Vermittlung zwischen dem Diesseits und Jenseits zu. Schon in uralten Zeiten wurden Verstorbene auf blühenden Heilpflanzen bestattet – Schafgarbe, Malven, Hyazinthen, Beifuß und andere Kräuter fanden sich bei Pollenanalysen in 60.000 Jahre alten Gräbern. Der heutige Holzsarg war eigentlich ein Baum. »Nach Plinius wurde die Kiefer bei einem Todesfall vor die Tür gestellt. Auch für Hildegard bezeichnet sie die Trauer.« Der stark giftige, gefleckte Schierling galt im antiken Griechenland als Todesmittel für politische Sträflinge. Bekannt ist der Schierlingsbecher als tödlicher Gifttrank.

Der Tod war in vergangenen Zeiten durch hohe Kindersterblichkeit, ständige Kriege und Krankheiten viel häufiger als heute vertrauter Gast im Haus. Feste Rituale erleichterten das öffentliche Abschiednehmen im häuslichen Kreis, das anders begangen wurde als heute. Für den Tod wurde rechtzeitig Vorsorge getroffen. So ist für Warnemünde überliefert, dass der Dorftischler schon bald nach der Hochzeit Maß für den Sarg nahm. Als Maß wird mitunter eine Holunderlatte genannt. Der Sarg wurde auf dem Boden aufbewahrt und diente bis zu seiner eigentlichen Verwendung oft als Aufbewahrungsort für Backobst. Im Volksglauben galten Holunder- oder Weidenzweige, in das frische Grab gesteckt, wenn sie grünten, als gutes Zeichen.

Unverheirateten steckten die Verwandten Rosmarin und Lorbeer als Abwehrzauber in die Hand und legten ihnen eine Totenkrone aus Silberdraht, Glasperlen, Flitter, auch aus Blumen und Immergrün auf den Sarg, bei Kindern durften die Patenbriefe nicht fehlen.«

Ansonsten gab es in Mecklenburg bis etwa 1840 keinen Grabschmuck auf Särgen. Die Kränze für Ledige, die als Kranz oder Totenkrone den Sarg schmückten, bildeten die Ausnahme. Sie wurden wie Braut oder Bräutigam begraben, da ihnen im Leben das höchste Fest der eigenen Hochzeit verwehrt geblieben war. Starb eine Jungfrau, trug ein Junge eine Krone aus Myrte auf einem weißen Tuch, die mit ins Grab

Der giftige und heilende Efeu gehört zu den Pflanzen des Todes

kam. Junge Mädchen als Kranzjungfern gingen mit einem grünen Kränzchen in der Hand dem Sarg hinterher und warfen ihn mit ins Grab.

Starb ein Bauer, hatte der Großknecht allen Tieren sowie den Obstbäumen den Tod anzusagen.

Pflanzen, die mit dem Tod in Verbindung gebracht werden, sind Buchsbaum, Holunder, Wacholder, Thuja (Lebensbaum), Silberweide, Efeu, Immergrün und Eibe.

Kleines Immergrün

Die Eibe – der uralte Baum der Trauer *(Taxus baccata)*

Früher hatten die Menschen Scheu vor dem unheimlichen dunklen Totenbaum, von dem einst gar der Schatten für giftig gehalten wurde. In der griechischen Mythologie heißt es, Artemis, die Jagdgöttin, tötete mit einem Eibengiftpfeil die Töchter der Niobe. Den Kelten galt die Eibe als älteste aller Bäume. Sie gewannen aus dem Sud von Eibennadeln das Gift für ihre Pfeilspitzen. Die Druiden pflanzten Eiben an heiligen Orten, im germanischen Glauben war die Eibe ein Zauberbaum.

Die sagenumwobene Eibe gehört zu den typischen Friedhofsbäumen. Sie war einst der Totengöttin geweiht und sollte den Verstorbenen Schutz gewähren. Die Ausdünstungen des Baumes bei heißem Wetter können leichte Bewusstseinsveränderungen hervorrufen, vielleicht galt die Eibe auch deshalb als Mittler zwischen den Diesseits- und Jenseits-Welten.

Eiben können wegen ihres harten Holzes sehr alt werden. Sie wachsen äußerst langsam, bleiben oft nur strauchartig. Exemplare mit einem Stammumfang von mehr als einem Meter sind sehr selten. Die winterharte, immergrüne Eibe ist ein Schattenbaum, wächst als Begleitgehölz auf schattigen, feuchten Böden. Heute ist sie auf Grund der massiven Eingriffe des Menschen als eine der seltensten Baumarten vom Aussterben bedroht. In Mönchhagen bei Rostock steht ein sehr alter Eibenveteran. Er hat den äußerst seltenen Stammumfang von 3,50 Meter und ist etwa 12 Meter hoch. Experten schätzen sein Alter auf ungefähr 600 Jahre. Damit ist er einer der ältesten natürlichen Vorkommen seiner Art in Mecklenburg.

Im Mittelalter war das in den Jungtrieben, in der Rinde, den Nadeln und den bläu-lich-braunen Samen (nicht in den fleischigen, klebrigen, roten Samenmäntelchen, die fälschlicherweise als Beeren bezeichnet werden und der einzige ungiftige Teil des Baumes sind) vorkommende starke Gift, das Taxin, eine wichtige narkotische Droge. Eibennadeln galten in der Volksheilkunde als Abtreibemittel, sollten auch bei Schlan-genbiss und Tollwut, bei Epilepsie und Krätze helfen. Heute noch werden sie in der Naturheilkunde als Mittel gegen Magenbeschwerden und Gicht angewandt. Zudem werden Inhaltstoffe der Eibe in der Krebstherapie genutzt. Die ungiftigen roten Sa-menhüllen können nach Entfernen der Samen zu Marmelade verarbeitet werden.

Eibenzweige dienten den Menschen bei Festen zum Schmuck der Kirchen, zum Winden von Totenkränzen, die Zweige schützten auf den Grabhügeln der Kirchhöfe die Ruhe der Toten. Das harte, biegsame und sehr zähe, harzlose Holz der Eibe war begehrtes Material für Webschiffchen, Kämme, Axtholme, vor allem aber für Bogen und Armbrust. Wegen ihrer Tauglichkeit zur Waffenherstellung waren natürliche Ei-

benbestände in Europa bereits im 16. Jahrhundert durch Übernutzung bedroht. Der lateinische Name »Ta-xus« bedeutet im ursprünglichen Sinn Schnittholz. Der Holzkern ist rötlich-braun, Eibenholz wird nicht wurmstichig und fault nicht. Es ist so feuchtigkeitsbeständig, dass es früher für Wasserleitungen verar-beitet wurde. Da es sich tiefschwarz färben lässt, wird es auch als deut-sches Ebenholz bezeichnet und gerne zu Kunsttischlerarbeiten und im Musikinstrumentenbau ver-wandt.

Namen in Mecklenburg wie Ibenhorst zeugen noch heute vom einst größeren Eibenvorkommen.

Der heiligen Eibe wurde eine Rune des magischen Druidenalphabets gewidmet

Danksagung

Mein Dank gilt allen beteiligten Frauen und Gärten für die kooperative Zusammenarbeit. Besonders danke ich dem Töpfer und Fotografen Jürgen Reich aus Bartenshagen und Volker Janke vom Volkskundemuseum Schwerin-Mueß für die Bereitstellung von Fotos, ebenso dem Heimatmuseum Warnemünde und dem Pommerschen Landesmuseum Greifswald. Danken möchte ich auch meinem Mann, Dieter Hundt, für seine Fotos und die kritische Begleitung meiner Arbeit.

Zu den wichtigsten Quellen für den Teil »Pflanzenbräuche« zählen Veröffentlichungen von Heike Müns, Volker Janke, Ingrid Schmidt, Gertrud Scherf, Friedrich Barnewitz, Christian Rätsch, Wolf-Dieter Storl und anderen Autoren. Detaillierte Angaben finden Sie im Quellen- und Literaturverzeichnis.

Quellen- und Literaturverzeichnis

- Barnewitz, Geschichte des Hafenorts Warnemünde, Reprint der Originalausgabe von 1925, Börgerende, 2004
- Compostella, Das kleine Hexenbuch, München 1997
- Czerwenka, Feste feiern in Mecklenburg und Vorpommern, Rostock 1993
- Das große Bildlexikon Garten und Pflanzen, Bergisch-Gladbach 1996
- Der Brockhaus Ernährung, Leipzig-Mannheim 2001
- Der Hildegard von Bingen Garten Rehna
- Engelhardt, Hempen, Chinesische Diätetik, München/Jena 2006
- Freuck/Rottmann, Von der Wiege bis zur Bahre, Sitten · Bräuche · Lebensläufe, Rostock 2006
- Gosselck, Das Heimatmuseum im niederdeutschen Sprachraum, Sonderdruck aus »Festschrift Richard Wossidlo«, Neumünster 1939
- Gosselck, Führer durch das Warnemünder Heimatmuseum, Warnemünde 1939
- Heinz, Symbole der Kelten, Darmstadt 2001
- Herrmann, Wikinger und Slawen, Berlin 1982
- Hillier, Duftende Kräuter, Köln 1993
- Kornhaus e.V. (Lange), Klostergarten Doberan, Doberan 2004
- Krause, Mecklenburgische Flora, Rostock 1893
- Lohmann, Bäume und Sträucher, Zürich 1992
- Mayer, Uehlcke, Saum OSB, Handbuch der Klosterheilkunde, München 2002
- Mecklenburgisches Volkskundemuseum Schwerin-Mueß, Janke, Bauern- und Kräutergärten in Mecklenburg, Der Kräutergarten im Freilichtmuseum Schwerin-Mueß, Schwerin 1993
- Mecklenburgisches Volkskundemuseum Schwerin-Mueß, Janke, Dominka, Scholze, Mueßer Blätter, Nr. 1, Der Dorfschullehrergarten
- Melchers, Das große Buch der Heiligen, München 1996
- Müller-Ebeling, Rätsch, Storl, Hexenmedizin, Aarau 2002
- Müller-Hiestand, Feste und Feiern im Jahreskreis, Aarau 1999
- Müns, Von Brautkrone bis Erntekranz, Rostock 2002
- Oertel-Bauers Heilpflanzentaschenbuch, Bonn 1928
- Pilaske, Natürliche Hausapotheke Holunder, Mainz 2002,
- Rätsch, Indianische Heilkräuter, München 1993
- Scherf, Wildpflanzen neu entdecken, München 2006

- Schipperges, Die Welt der Hildegard von Bingen, Erfstadt 2007

- Schmidt, Orakel, Hexen, Heilmagie auf der Insel Rügen, Rostock 2004

- Thurzova, Lexikon der Heilpflanzen, Prag 1976

- Volak/Stodola/Severa, Das große Buch der Heilpflanzen, Prag 1983

- Wolf, Pflanzendarstellungen des Doberaner Münsters, Dresden 1993

- Woll, Alte Festbräuche im Jahreslauf, Stuttgart 1991

- www.dom-greifswald-de (Predigten vom 20.3.2005)

- www.garten-literatur.de/leselaube

- www.kraeuter-und-duftpflanzen.de

- www.wikipedia.org/wikichinesischer_lauch

Foto- und Abbildungsverzeichnis

Anette Lukesch: S. 18, 62, 65, 67

Annika Schulze: S. 87

Archiv Heimatmuseum Warnemünde: Torsten Linke S. 39, 40, 41, 43 Cover (unten); Nicole Preuß S. 39, 146; Fotostudio Hagedorn S. 148

Archiv Mecklenburgisches Volkskundemuseum Schwerin-Mueß: S. 79 (aus: Goethe, Degenkolb, Mertens, Die wichtigsten deutschen Kernobstsorten, Gera 1894), 98, 99, 118 und 139 (Titelvignette, Der praktische Ratgeber im Obst- und Gartenbau, Frankfurt a. d. Oder 1888); Volker Janke: S. 94, 95; Katarina Dominka S. 97

Carmen Rausche S. 24 (http://www.rausche.de/Garten/Flora/krauter/krauterverw.html)

Christiane Freuck S. 19, 135, 136, 142

Dieter Hundt: S. 14 - 16, 20, 25, 26, 31, 44, 46, 47, 48, 50 - 54, 57, 60, 61, 63, 66, 69, 70 - 73, 76 - 78, 81 - 86, 88, 91, 95, 100, 101 - 104, 106 - 110, 116, 117 (2 Fotos), 120, 122, 124 - 127, 129 unten, 130 - 134, 137, 138, 139 oben, 141, 147, 150, 152 - 154

Jürgen Reich: S. 32, 33, 34, 35, 37, 49, Cover (oben)

FAL Ganzlin: S. 112, 114, 115

Förderverein Schloss Ludwigsburg: S. 74, 75

Heiderose Grube: S. 50, 53

Jeanette Nadebor: S. 68

Kornhaus Bad Doberan S. 27, 29

Lina Morgenstern, Illustriertes Universalkochbuch für Gesunde und Kranke, Leipzig, um 1901: S. 92, 105, 111

Münsterverwaltung Bad Doberan: S. 28

Oertel-Bauers Heilpflanzentaschenbuch, Bonn, 1928: S. 30, 45, 117, 121, 128, 129, 140 unten, 145, 149

Pommersches Landesmuseum Greifswald: S. 88, 90, 91

Sabrina Wittkopf-Schade: S. 89

Wildkräuterhotel Ehmkendorf: S. 56, 58, 59

www.humantouch.de: S. 80

Kontakte

Rothener Hof: 0160/5703431

Angelika Reich: www.keramik-reich.de

Heimatmuseum Warnemünde: www.heimatmuseum-warnemuende.de

Klockenhagen: 0175/6692650

Nora Fischer, Ehmkendorf: Ehmkendorf@aol.com

Bibelgarten Barth: www.bibelzentrum-barth.de

Jeanette Nadebor: 0170/2022868

Ludwigsburg: www.ludwigsburg-mv.de

Lassaner Winkel: www.ackerbuergerei.de, www.kraeutergarten-pommerland.de

Pommersches Landesmuseum: www.pommersches-landesmuseum.de

Mecklenburgisches Volkskundemuseum Schwerin-Mueß: volkskundemuseum.schwerin@web.de

Schlossgärtnerei Wiligrad: www.schlossgaertnerei-wiligrad.de

Kloster Rehna: info@kloster-rehna.de

Wangeliner Garten: www.fal-ev.de

Fremdautoren

Anette Lukesch, S. 66, 67

Kräutergarten Pommerland e.G., Anne Beyer, S. 87

Klosterverein Rehna e.V., S. 110

Wera Bluhm, S. 116

Nach Informationen von Christel Schmidt, S. 78

Nach Informationen von Katrin Nagel, S. 92, 93

Nach Informationen von Günther Lenz, S. 104

Alle Rezepte der Frauen und Gärten stammen von den Beteiligten.

Register